MANUEL VICENT

A favor del placer

Cuaderno de bitácora para náufragos de hoy

Cristina Pérez i Beneria

Tel: 4908555.

MANUEL VICENT

A favor del placer

Cuaderno de bitácora para náufragos de hoy

EL VIAJE INTERIOR

EL PAIS
AGUILAR

Juan Bravo, 38. 28006 Madrid
Teléfono (91) 322 47 00. Fax (91) 322 47 71

Segunda edición: octubre 1993.

ISBN: 84–03–59312–0
Depósito legal: M–27.993–1993
Diseño de la colección: Jacobo Pérez Enciso
Diseño de Cubierta: José Crespo y Rosa Marín
sobre proyecto de Jacobo Pérez Enciso
Coordinador editorial: Jorge Aller
Coordinador de Realización: Víctor J. Benayas
Maquetación: Antonio Cornejo
Impresión: Unigraf, S. A., Móstoles (Madrid)

Índice

Conciencia

Desde la perspectiva de las plantas y de todos los animales, la humanidad es una gravísima enfermedad del planeta. Visto con ojos de conejo, de hormiga, de lenguado, de perdiz o de pollo, incluso contemplado por la bestia más atroz, el hombre es el bicho más voraz, el que nunca se detiene. Ha sustituido el instinto por una inteligencia frenética y ésta le lleva a rebasar todos los límites de la crueldad hasta hacer de la destrucción un deporte. El corazón de los robles y de los álamos, el alma de las coliflores y de las lechugas, lloran de espanto cuando sienten que el hombre se acerca. Hasta el fondo del mar llega el buzo con un arpón, y el mero, perplejo en su cueva, se pregunta por qué se toma ese ser tantas molestias para matarle. Y no sólo bucea armado. El hombre también vuela con garras de acero y emponzoña la atmósfera, perfora la corteza terrestre y exprime todos sus líquidos; por todas partes va dejando un rastro de muerte sólo compensado por el frenesí de la propia reproducción, y ese deseo de sobrevivir es el viento que de noche se oye soplar con más furia en las ciudades. Al principio, el ser humano se apareaba en los valles fértiles. Ahora realiza esa labor en los infinitos sótanos de cemento; es uno de tantos ecos que produce el asfalto junto con sus chirridos de caucho, y ese sonido convulso del amor humano significa que la plaga no parece tener fin. Pero ahora, en el fondo de los manantiales puros y por el alma de los ríos y mares, por las entrañas de los animales y la savia de los árboles, de pronto ha comenzado a correr una gran noticia. Se dice que un virus heroico se está enfrentando él solo contra toda la raza humana. La naturaleza lo ha dotado de conciencia y de armas terribles para acabar con esta amenaza del planeta. Existe un gran alborozo en la raíz de todos los peces, aves, mamíferos, vegetales, fuentes, valles, montes, islas, litorales, bosques y desiertos, sin olvidar a ninguna de las fieras. El virus del sida tal vez puede detener a la humanidad, y en el corazón de la naturaleza hay por ese motivo una gran fiesta.

Simetría

En ese extraño reino también había sacerdotes, magistrados y policías, pero los mandamientos de la ley eran absolutamente contrarios a los nuestros. Allí el decálogo ordenaba matar, fornicar, deshonrar a los padres, robar, maldecir a Dios. Estos preceptos estaban escritos en unas tablas de piedra, las cuales fueron entregadas por otro Ser Supremo a un nuevo profeta en la cima de un monte en medio de grandes truenos. Los súbditos de ese reino se comportaban como nosotros: unos obedecían las leyes y otros no las cumplían. Los animales permanecían al margen; en cambio, el sentido de la culpa acogotaba a toda aquella gente. Quien no robaba alguna vez debía ser perseguido por los gendarmes; quien no mataba nunca podía ser decapitado en la plaza pública; quien no cometía adulterio corría el peligro de ser lapidado. Allí también la fuerza parecía hermana del orden, pero la gente en ese reino llevaba una vida normal. Los niños jugaban en los parques, había desfiles militares, los contribuyentes engullían sin cesar, se celebraban toda clase de romerías y cada año el fiscal general del Estado leía un informe acerca del índice de criminalidad luciendo un collarón de oro en el acto de inauguración de los tribunales. Según esa lectura, la cantidad de delitos que se cometían en aquel reino donde imperaban los antimandamientos de la ley era exactamente igual a la nuestra. Había el mismo número de reclusos en sus cárceles; los sumarios alcanzaban idéntico nivel en la carretilla que los transportaba por los pasillos de la Audiencia; la policía realizaba de forma exacta las redadas en los bajos fondos de las bibliotecas públicas, de las filarmónicas, de los museos y se llevaba a la comisaría de madrugada un cargamento similar de profesores indocumentados. Los sacerdotes de la Iglesia oficial tenían un censo parecido de santos y pecadores, ya que el reverso de su decálogo era simétrico al que nos fue otorgado a nosotros en la cumbre del Sinaí. Sólo los animales permanecían al margen. Seguían devorándose o comiendo hierba sin participar en esta locura.

Armas

Cada mañana, mientras los pájaros cantan y las flores se abren, hay honrados padres de familia, obreros de izquierdas, químicos sin ideología, técnicos comerciales llenos de bondad y dulces secretarias que acuden puntualmente a las fábricas de armas y allí cada cual cumple con su obligación. En realidad se trata de un trabajo aséptico. Esta gente tan amable tal vez sueña con encontrar un nuevo e imperecedero amor, y al mismo tiempo, de forma mecánica, ceba los fulminantes, analiza la calidad de las espoletas, afina los puntos de mira y comprueba la suavidad de los gatillos. Puede que incluso algún obrero susurre una balada sacando brillo a la culata de un cañón. Al final de la jornada, después de cumplir con su deber, estos honorables productores de riqueza vuelven a casa para enfrentarse con el televisor, donde, sin duda, aparecen imágenes de alguna guerra lejana. La culpa no existe, en la cocina va marchando una tortilla de patatas. La bomba atómica es una creación platónica o institución imaginaria que preside el espíritu moderno. Ya se sabe que este monstruo ideal ha sido engendrado sólo para no ser usado. En eso radica su esencia. Pero con nosotros conviven armas menores, fabricadas todavía a la altura del hombre, que realmente matan dentro de la más estricta rentabilidad. Estos productos se rigen por las leyes del mercado, como las chirimoyas, y las empresas sirven los pedidos a los puntos calientes del planeta para que sean consumidos con la mayor rapidez. ¿Acaso los obuses son esculturas destinadas a los museos? ¿Habrá que vender tanquetas a Mónaco o exportar cañones a Suiza? La prohibición de suministrar armas a los países en guerra o de abastecer a las dictaduras con instrumentos para aniquilar al adversario me parece la elipsis más diabólica de la conciencia humana. A ver si nos entendemos. Las armas son para matar, aunque las construyan manos inocentes, y acuden con extrema celeridad a los lugares donde puedan ser utilizadas. La muerte es su única vocación. Y el resto sólo es dinero.

Goliat

Del campamento de los filisteos salió un hombre bastardo llamado Goliat, cuya estatura alcanzaba seis codos y un palmo, equivalentes a casi tres metros de altura. Traía en la cabeza un morrión de bronce e iba vestido con una coraza escamada, calzaba inmensas botas también de bronce y además usaba un gran escudo para protegerse los hombros. El astil de su lanza tenía el grueso de un enjullo de telar. Este gigante, encaramado en un risco, desafió a las huestes de Israel con bravatas de muerte. Frente a él estaba David, pastor nacido en Belén, un joven desvalido, aunque de gallarda presencia, hábil en tañer el arpa y en el manejo de la honda. El combate entre ellos parecía desigual. David escogió del torrente cinco guijarros bien lisos, los guardó en el zurrón y desde el valle subió al monte en busca del filisteo, que le esperaba en lo alto de una breña cubierto de metales. Mientras aquel bravucón se deshacía en amenazas, el pequeño pastor de ojos azules tomó la honda y con ella lanzó una piedra, la cual fue directa a incrustarse en la testa del gigante, quedando éste derribado. Entonces David se abatió sobre él, y después de segarle el cuello, llevó la cabeza de Goliat, triunfalmente, a Jerusalén. Según la historia, así sucedieron las cosas; pero la historia miente. Las cosas sucedieron al revés. Goliat no era filisteo, sino judío. Este coloso, adornado con toda la maquinaria de guerra, se paseaba por tierras de Jehová repartiendo culatazos a los palestinos con suprema ignominia. En cierta ocasión, el gigante se hallaba en el filo de un terraplén, y hasta allí llegó un humilde muchacho armado sólo con un tirachinas. Este nuevo David se atrevió a arrojar a Goliat un miserable pedrusco que rebotó en su admirable coraza. El gigante montó en cólera, y dando cuatro zancadas, alcanzó en seguida al agresor. Le fijó con la bota el gaznate contra el suelo de Abraham y, sin pensarlo nada, le partió los brazos con una roca. Los huesos del pequeño David saltaron como piñones. Luego el gigante le arreó dos patadas en los riñones y soltó una carcajada.

Montería

Por un coto de Sierra Morena iban con el rifle al hombro altos financieros, capitanes de empresa, políticos del sistema, magnates salchicheros y algunos aristócratas seguidos por una jauría de canes. Un tropel de secretarios transportaba la munición. A todos les humeaba el belfo en la fría madrugada, pero los cazadores llevaban bajo las verdes casacas el estómago reparado con un desayuno de migas con chocolate. A esa hora, los jabalíes aún dormían y los venados ya estaban llorando. Mientras las alimañas soñaban en la madriguera, guardas con escarapela en el sombrero guiaban a los tiradores de élite hasta sus puestos de combate. Pronto comenzó la montería. A la salida del sol olían a sangre algunos matorrales y por los barrancos del coto sonaban disparos de varios ecos, se oían alaridos de toda índole, incluso humanos, dentro del recio perfume de la pólvora. Los cazadores se habían establecido, según intereses o pandillas, detrás de los parapetos y la orden del día consistía en abatir cualquier cosa que se moviera, desde un consejero delegado hasta un simple conejo.

No se detuvo la carnicería en toda la jornada. Los ojeadores seguían levantando grandes piezas a media mañana y por las miras telescópicas podían verse las lágrimas de los ciervos, la espuma seca en las fauces de otras fieras, el terror en el rostro de algunos presidentes de consejo de administración, y era un placer presentir con la mente helada la exactitud del proyectil, apretar el gatillo y al instante divisar a la víctima rodando por la trocha bajo el estruendo de los perros. La cacería terminó cuando el cielo ya se hallaba también cubierto de plasma. En el crepúsculo, los monteadores llevaron al palacio campestre las furgonetas cargadas con la caza cobrada, que fue recibida por los tiradores supervivientes con una copa de fino en la mano junto a los porches. Entre las piezas abatidas había tres jabalíes, dos subsecretarios, un banquero, dos docenas de venados, cuatro empresarios, innumerables conejos y un príncipe destronado.

Tauromaquia

La tauromaquia no consiste sólo en correr, burlar, torturar y ajusticiar reses bravas con saña o destreza bajo la bandera de la patria haciendo de esa matanza un espejo de gallardía. Gran parte de la basura nacional confluye en los ruedos, pero fuera de ellos existe otra forma de degradación pública y privada que también es tauromaquia. Por los destartalados pasillos de las audiencias y juzgados de España van los bedeles arrastrando carretillas cargadas de sumarios llenos de telarañas; en los quirófanos de algunos hospitales hay ratas de medio kilo que se pasean entre los pies de los cirujanos. Eso es tauromaquia. Diputados golfos venden su voto por una ración de jamón; marquesas de muy alta pechuga se juegan en el bingo los arcones, bargueños y cristos de marfil del siglo XIV; los señoritos del sur en Marbella aplauden como palmeros la gracia de un árabe riquísimo cuando defeca dentro de la piscina ante un corro de invitados; un policía siniestro compra a matones portugueses de ínfima calidad, los más baratos del mercado, y luego en el casino echa en la ruleta todo el fondo de reptiles que le ha sobrado. Eso es tauromaquia. Guardias civiles muertos en atentado forman parte del paisaje; por la ruta de los conquistadores se ven todavía perros ahorcados en los alcornoques; tratantes de ganado invierten en cuadros de Tàpies; los ciegos españoles cortan el bacalao en los consejos de los bancos; intelectuales de izquierda presumen de matar marranos en las cacerías; algunos poetas se abaten sobre los pinchos de tortilla durante el entreacto de un exquisito concierto de Bach. Eso es tauromaquia. La sangre del verano español comienza de nuevo. Miles de toros van a ser torturados públicamente hasta el degüello final, pero lejos de la plaza donde se celebra semejante miseria la corrida impregna la vida nacional desde hace siglos. Tauromaquia es todo lo pinturero, patriótico y grasiento que palpita bajo el rabo de Alá sin desollar: el ajo como cultura, la sequía como mística, el garrote vil como sacramento y el descabello como desplante.

El terror

El terror tiene un carácter sagrado y sus víctimas son siempre propiciatorias. Cuando hoy se produce un atentado sangriento hay que pensar en un dios moderno que acaba de pedir su diaria ración de carne. Este dios tan voraz no es distinto de aquellos que en la antigüedad exigían sacrificios humanos en altares de piedra labrada, si bien ahora las aras están en cualquier esquina del asfalto y detrás de ellas no se eleva la pirámide, sino un cuartel de la policía o un centro comercial que le sirve de retablo. Terror se deriva de tierra. Es una sensación primigenia que penetra en el interior de los hombres y de los animales por la raíz de los pies, hace vibrar la pelvis, causa un vacío en las vísceras y entonces, como reacción, se produce la estampida antes de que sus efectos lleguen al cerebro. Terror es la voz latina que equivale al pánico de los griegos: ese sentimiento del dios Pan, guardián del Todo, que adentraba a los mortales en el corazón del bosque tocando el caramillo y allí los envolvía con la pulsión estremecedora de la naturaleza. El Todo segrega un excipiente que es el fanatismo y de este veneno beben los oficiantes antes de comenzar la liturgia. Los terroristas poseen un talante religioso. Sus verdaderos colegas son aquellos brujos, sacerdotes e inquisidores que, sintiéndose representantes de una deidad carnicera, le ofrecían sacrificios cada día para aplacarla. En honor del sol, de la lluvia, de los genios que habitan en la cumbre de los montes, de los ídolos que simbolizan la identidad de una tribu, de la idea abstracta que sintetiza una patria o una raza, han sido destripadas infinitas criaturas y sus entrañas ofrecidas a estos poderes sobrenaturales por unos encargados del culto que antes llevaban el puñal de oro bajo bordadas vestiduras y ahora van con chubasquero y metralleta y manejan la dinamita como la mirra. El nacionalismo adopta a veces la imagen de un dios terrible de la naturaleza. A él se sacrifican víctimas anónimas a cargo de unos matarifes sagrados en un ritual que no ha variado desde la noche de los tiempos.

Andén

Sé muy bien que hay asesinos guapos, estafadores simpáticos, políticos corruptos, periodistas canallas y policías sádicos, todos muy entretenidos, pero no me gusta que estén en el mismo andén del metro esperando el convoy que yo espero. Amo el espectáculo de la vida sobre todas las cosas. Por eso me fascina tener a esos tipos tan excitantes en el andén de enfrente y contemplar sus hazañas como en un escenario sabiendo que ellos después van a viajar siempre en sentido contrario en otro vagón. Me gustaría que el foso que separa ambos andenes de esta misma estación fuera totalmente insalvable. Desearía que la suerte me deparara gente saludable, inteligente y discreta para ir con ella de camino hasta el final del trayecto, y eso es algo que uno debe pedir todos los días a los dioses. En la otra plataforma no sólo están los héroes ruidosos que llenan de lodo y violencia los periódicos cada mañana; también hay allí pequeños miserables sin rostro cuya trayectoria deseas que nunca se cruce con la tuya. A veces uno vislumbra que alguien en el otro lado refleja esa parte de ti mismo que odias. En este tiempo tan convulso se necesita mucha inteligencia para distinguir entre el escándalo y el exhibicionismo, la lucha contra la corrupción y el afán de venganza, la moderación y la cobardía, el silencio y su precio, la denuncia y su valor, la ambición y el espíritu de justicia. En medio de la furia que azota a esta sociedad, lo mejor es no salir de casa para estar a salvo y conservar en lo posible algunas virtudes clásicas: la ingenuidad, la fe en las personas, la templanza y cierto grado de decencia a la antigua. Este vendaval de intrigas que impera en la calle hace que todo el mundo se sienta culpable como si en una novela policiaca en el último capítulo se descubriera que el asesino es el propio lector. Pero el tren pasa siempre dividiendo los dos andenes de la estación. Es maravilloso ver a un elenco de políticos y financieros dándose cuchilladas enfrente. A este lado sólo está la gente sencilla que va en dirección contraria mirando el espectáculo.

Cobardía

Aquellos guerreros que regresaron de Troya victoriosos, cuyas hazañas cantaron los poetas de Argos, eran los cobardes que se habían agachado cuando pasaban las flechas por encima de su cabeza. De la misma forma volvían a Roma por la vía Apia los soldados que habían sobrevivido a batallas resonantes y el pueblo los aclamaba como vencedores sin exigirles que explicaran por qué se habían librado de la muerte. Los valientes habían caído. Los pusilánimes ahora los suplantaban en el desfile de la victoria y después en tiempos de paz se dedicaban a engendrar nuevos héroes para otras guerras que también morirían a una edad muy temprana sin descendencia a causa de su arrojo. La cobardía es el mejor método para llegar a la vejez. Este principio sirve igualmente para los animales. Entras de noche en la cocina y sorprendes a varias cucarachas. Consigues aplastar a dos de ellas, las cuales ya no cuentan. Sólo se van a reproducir las que lograron esconderse. Gracias a esa huida la especie seguirá adelante y esa gesta será vitoreada por el pueblo de las cucarachas, pero cada día resulta más difícil huir, tanto a las personas como a los animales. Nuevos ataques nos persiguen hasta el último rincón y ya no se trata de esquivar la lanza de Héctor y la espada de Escipión, sino de evitar la ponzoña del aire, la ensaladilla del restaurante, las amenazas morales, la persecución del fisco, las pestes genitales, el agujero en la capa de ozono, el navajero de la esquina, las bombas de Sarajevo. ¿Cómo podría uno agazaparse en la trinchera ante este cúmulo de acometidas dispares para desfilar después como vencedor? Se necesita pertenecer a la mejor raza de los cobardes. Sobrevivir es una obligación, dado que la muerte se ha puesto tan barata. Si un día los guerreros que supieron hurtarse a los dardos del enemigo fueron saludados como héroes por la plebe al regresar a Roma, también si aprendes a huir a tiempo en el futuro serás celebrado como una persona honesta y fuerte. Nadie dirá que eres un traidor, sino un viejo honorable.

Pubis de noche

Ardían los mariquitas en todos los sótanos bajo una niebla escarlata, y entre ellos se daban besos delicados al pie de la barra, desplegando las alitas dulcemente hacia atrás. Llevaban grandes escotes en la espalda, la cabellera les cubría con varias ondas angelicales una oreja sonrosada y de la otra les colgaba la pluma de un ave del paraíso. De noche se oían por toda la ciudad las trompetas de caza que hacían sonar los propios venados, cuyos ojos insomnes eran de plata. Con un garfio en los genitales huían por los largos pórticos muchachas heridas gritando, y estos alaridos de sangre eran la melodía que bailaban los rufianes en unos antros donde los amores violados no cesaban de derramar miel hasta el amanecer. En algunos túneles también había yeguas hacinadas con las crines plagadas de flores, ofreciéndose mutuamente el galardón de Venus, mientras relinchaban en la oscuridad. Corrían tiempos de dulzura. Unos soñaban con inyectarse música de Bach en las venas, otros lucían mamíferas de lujo en los espaciosos atrios de la filosofía, muchos sólo buscaban una bala de oro para suicidarse. En una esquina de la ciudad un profeta ciego vendía dinamita de la mejor calidad en las tinieblas del sábado, y a esa misma hora las ninfas abrían el compás dentro del camisón perfumado, y un furioso guerrero siempre entraba en ellas silbando un himno. La noche era la barrica más suave que uno pudiera imaginar, y su oscura cavidad de carne exquisita se hallaba unida a una mecha de pólvora seca, por la cual discurría quemándola una estrella de hada madrina. Todos esperaban que la explosión coincidiera con el instante máximo del placer, y cuando ésta se produjo al filo de la madrugada, el profeta ciego pudo contemplar desde la azotea el grandioso fogonazo, en cuyo interior vislumbró siluetas de corceles y yeguas arrebatados, vírgenes partidas por la cintura, torsos de mármol que aún palpitaban, sexos que parecían constelaciones, mariquitas, venados, rufianes, gárgolas y garfios, todo disparado por un inmenso latido. Y eso era la noche.

Degradante

El jovenzuelo borracho partió la botella de vino contra el bordillo de la acera y empuñando el vidrio por el gollete se acercó a la vaquilla por detrás y alevosamente se lo clavó en las ubres. Este lance torero sucedió en uno de los miles de encierros con que España se ha divertido este verano. Fue una nueva manifestación de la cultura popular patrocinada por los Ayuntamientos. En todos los pueblos de este país se han sacrificado reses en las fiestas de los santos patronos y en las capeas polvorientas, llenas de sangre y moscas, se han sucedido los garrotazos, las sogas, el fuego, los empalamientos, las cuchilladas, las burlas y los gritos sobre unos animales puestos a merced de la turba para que ésta manifieste eso que los chorras llaman los valores de la raza. Cuando llegó la democracia algunos creían que el deporte, la danza, la música serían alentados desde abajo como una forma de cultura popular, pero fueron los socialistas en los municipios donde mandaban los primeros interesados en resucitar y promover esta basura de las capeas y encierros tomándolos por una revelación del alma colectiva con cargo al presupuesto. Recorrer hoy los pueblos de este país en verano supone adentrarse en la España negra otra vez renovada. Produce una sensación de bajeza moral contemplar el espectáculo de una multitud ebria divirtiéndose con la tortura de un animal que en medio de semejante agitación parece el ser más sensato de todos. Ningún político se atrevería a negar o a coartar esos festejos taurinos con que se ha alimentado las fiestas en los pueblos. Automáticamente perdería los votos. Tal es el nivel de degradación que hemos alcanzado, sólo mejorado por el escalón inferior que bajaremos el próximo verano. Ningún político tiene derecho a pedir ninguna ilusión o espíritu de nobleza a los jóvenes después de haberlos metido hasta el cuello en la ciénaga de un jolgorio donde el alcohol y el placer alrededor de la muerte de los toros, cabras, gallos, gansos, son la baza principal de la cultura.

Utopía

Droga, caridad, sopa y policía: ésta será para siempre la dieta de los pobres cuando la utopía termine. En un tiempo que ya pasó hubo unos hombres preclaros que tuvieron un sueño. Se llamaban revolucionarios. Creyeron que el hambre de la humanidad era la máxima fuente de energía y, formando con ella una tempestad que el viento de la historia alimentaba, trataron de romper los diques del viejo orden. Algunos días de gloria conmovieron entonces al mundo. Exaltados por poetas, los obreros más ardientes penetraron en los palacios y por un momento la rebelión se unió a la belleza. En esta dirección comenzaron a ahondar los intelectuales: el paraíso en la Tierra era posible. Y pronto supieron todos los desesperados del planeta que en la Unión Soviética los tractores lo estaban ya levantando. De ese sueño los proletarios de cualquier país hicieron una patria común, la cual también dio cobijo a los parias y a los visionarios. La esperanza sirvió para controlar las estampidas de la sociedad tomando la violencia de los impacientes. La utopía ha muerto. El imperio comunista se

Escribí esto cuando el andamio aún estaba en pie.

está resquebrajando. Por lo visto hoy todos ~~los chinos quieren~~ ser dueños de un carrito y todos los soviéticos quieren bailar el rock. La libertad convertida en otro viento se ha llevado aquel sueño que el desencanto ya había arrebatado. A partir de ahora los desesperados de la Tierra deberán volver también al individualismo de la Escuela de Chicago, de modo que la revolución social se hará a navaja uno a uno en cada esquina. Usted podrá realizar la caridad comprando servilletas de papel en los semáforos, y donde no llegue el amor llegará la policía. Servida por el poder, la droga aplacará cualquier rebeldía; en la trasera de las catedrales se verá siempre una cuerda de pobres esperando una sopa; los mastines serán reyes y todo el mundo tendrá que sonreír antes de ser asesinado. Si ya no es posible un paraíso en la Tierra, todo está permitido.

Los tordos

El dinero tiene alas, y por eso ha volado. Como un nubarrón de aves migratorias, por el cielo de los países industrializados viaja una masa de 600.000 millones de dólares buscando invernaderos, y durante el camino a veces necesita bajar para alimentarse. Así lo hacen también los tordos. Cuando divisan desde las alturas un olivar bien repleto, se tiran en picado, expolian el árbol y al menor peligro levantan el vuelo y se largan, no sin llevarse una aceituna en cada garra y otra en el pico. España ha sido un buen olivar estos últimos años, y mientras los pájaros estaban en sus ramas zampando con furia, los socialistas, a su sombra, han bailado a fondo una gran zarabanda. El despilfarro se ha convertido en cultura, la voluptuosidad del dinero ha sustituido al talento. El Gobierno no ha sabido aprovechar el paso esporádico de los dólares para estructurar, renovar y asear con inteligencia y austeridad nuestro país. No hay que llorar ahora que los tordos han huido. Regresarán más voraces todavía cuando haya aquí una comida sustanciosa, y tal vez volverán a limpiarnos el pesebre si seguimos siendo igual de tontos. De momento, ya han llegado los carroñeros. Esos buitres de cuello pelado y gafitas en la punta de la nariz han entrado a saco sobre los despojos de la Bolsa, contra las empresas en quiebra. Ellos reirán mañana, mientras los periodistas seguiremos cultivando hasta la ridiculez el pensamiento binario: si las cosas van mal, sólo será noticia aquello que todavía vaya peor; si las cosas van bien, nada que no sea la propia euforia infantil se tendrá en consideración. Que estén tranquilos los pesimistas: ya hemos conquistado de nuevo nuestra pobreza, y ahora queda por alcanzar la miseria, pero pasada la crisis, cuando dentro de unos años vuelvan los tordos, que nadie haga el idiota de alegrarse sin motivo: sólo hay que esperar que el Gobierno de turno, cualquiera que sea, no los deje escapar otra vez, que los eche en la cazuela, pero no para unos pocos, como ha hecho hasta ahora, sino para todos.

Lluvia

Estoy enjaulado en la habitación de un lujoso hotel de Zúrich, dando vueltas toda la tarde sobre una alfombra persa, y a veces aparto la cortina de terciopelo para mirar la calle. Sin sorpresa alguna descubro que en la calle está cayendo una mansa lluvia de dólares, mientras por el televisor sale una catástrofe lejana con cadáveres que parecen dibujos animados. Hay en la ciudad un silencio de caja fuerte y el orden del mundo gira alrededor del anuncio de un batido de chocolate. Bala una amorosa cabrita por el hilo musical. Fluyen por el vestíbulo traficantes de armas, príncipes anónimos, financieros decrépitos seguidos por bellos asesinos, muchachas de plástico que han hecho nido debajo de un millonario. Por el cristal de la ventana siguen cayendo billetes hasta cubrir el césped de los jardines y también el asfalto por donde pasan cochazos con familias sonrosadas. Nadie se detiene a recoger el dinero, y éste, llevado por las ráfagas de viento, forma montículos junto al tronco de los árboles, se enreda en los pies de los viandantes, vuela en bandadas como las palomas a la altura de los tejados. En la pantalla del televisor cuatro muertos se acaban de ahogar dentro de un batido de chocolate. Es espléndida la tarde en Zúrich. Luce el sol y llueven dólares con tenacidad y mansedumbre sobre la calzada. Desde la habitación veo a un vagabundo que toca el violín en una esquina. El nivel del dinero le llega ya a la cintura después de cubrir a un perro y el estuche del instrumento que tenía abierto en la acera para recoger limosnas, y los remolinos de billetes amenazan con taparlo por completo, aunque el mendigo hace sonar un vals to~~davía sin inmutarse.~~ Mientras la pantalla del televisor continúa arrojando un río de chocolate que arrastra a algunas víctimas hasta dejarlas sobre la alfombra persa, la lluvia de dólares en la calle arrecia y ningún coche se atreve a detenerse. Los peatones comienzan a huir en desbandada saltando las charcas y desde lejos las ambulancias vienen sonando. Creo que sobre Zúrich se cierne una tragedia, pero yo no me atrevería a asegurar en qué consiste.

Después de cada pieza alarga la mano para pedir limosna

Balas

En Jerusalén, las grietas del muro de los Lamentos están llenas de boletos que contienen plegarias. Bajo el sol del desierto, con las trenzas sudadas, los judíos piadosos acuden allí a rezar. Leen el libro sagrado, agitan la cadera, ponen la frente en el sillar y meditan, lloran, recuerdan. Luego, en un papel, escriben cualquier clase de súplica, la enrollan formando una especie de bala y la introducen en los entresijos del alto paredón, que de esta forma parece acribillado de oraciones y deseos. El pueblo hebreo ha inventado el pan ácimo y también el sentido de la culpa, cuyo sabor puede llegar a ser muy dulce. Las lágrimas de esta gente han empañado el espejo de la historia, pero el suyo es otra vez el Dios de los Ejércitos, que brilló con genio militar durante el reinado de David. En ese tiempo los enemigos de Israel fueron exterminados con cuchillo entre cánticos de alabanza a Jehová y gritos de expiación, aunque semejante gloria resultó efímera. Después de algunos milenios de aflicción, ahora en Israel los judíos piadosos rezan de nuevo ante el muro de los Lamentos mientras los soldados disparan contra los palestinos. Unos dejan las súplicas escritas en forma de bala en la piedra para excitar la compasión de Dios, y otros introducen esa misma oración en la carne de los rebeldes con las metralletas. Así lo ha demostrado una autopsia efectuada sobre el cadáver de un árabe adolescente de Cisjordania. El muchacho tenía dos proyectiles alojados en el corazón, los cuales llevaban grabado el versículo de un salmo: «Invocaré al Señor, digno de alabanza, y de mis enemigos seré salvo. A ti levanto mi alma. En mi tribulación invoqué al Señor y clamé a mi Dios, y él oyó desde su templo mi voz, y mi clamor penetró en sus oídos». Este fragmento de plegaria parecía ser una marca de fábrica. Al extraer los proyectiles del cuerpo de la víctima, el forense, con una pinza, los blandió en el aire y a través de la sangre inocente leyó esta oración en voz alta. En ese instante Jehová pasaba en vuelo rasante por los fulminados montes de Judea.

El salmo era de Isaías, idéntico en las dos balas.

En la UVI

En las Unidades de Vigilancia Intensiva de todos los hospitales hay unos entes metálicos e inteligentes que se alimentan exclusivamente de seres humanos. A simple vista parecen máquinas quirúrgicas, pero en realidad son los últimos dioses carniceros. Las ambulancias descargan a cualquier hora a los heridos y enfermos en las salas de urgencia; de los quirófanos van saliendo sucesivas levas de cuerpos troceados: una parte de estas personas consigue escapar de sus garras; en cambio, otra parte es sacrificada a estos entes asépticos y voraces que esperan a las víctimas en un santuario hermético en la última planta del hospital. Los enfermeros transportan en camilla hasta la UVI, día y noche, el alimento para estos dioses. En la puerta, los cuerpos humanos son recibidos por unas vestales desinfectadas, vestidas de blanco, y con la máxima rapidez ellas inician la ceremonia. Los cuerpos convertidos en abono orgánico quedan adaptados a las máquinas. Sus tubos penetran por la tráquea; unos cables como las raíces buscan en seguida el hueco de la nariz y otros trepan por las venas de las pantorrillas buscando tu corazón, mientras un brazo articulado escarba y se ceba directamente en tus entrañas. Esas máquinas te exprimen, y cuando mueres, te abandonan. Tú no has sido sino un trozo de materia muy rica en elementos minerales interpuesta en su circuito. Hoy todavía se alimentan sólo de cuerpos malheridos, muy enfermos o en estado terminal, pero cada día esos dioses exigen víctimas más saludables. Los científicos están a su servicio, los médicos gobiernan su entorno, los sacerdotes prohíben rebelarse contra ellos, y así van engordando, y cada día estos dioses son más caprichosos. Hasta ahora un ser humano debe permanecer los últimos cuatro años de su vida enganchado a sus cables. Dentro de poco, hombres y mujeres en plena juventud serán llevados al seno de estas máquinas y nuestra existencia será común. Las máquinas quirúrgicas vivirán eternamente gracias a que usted ha sido ofrecido como pasto para ellas.

Después de escribir esto visité una UVI y comprendí que era un espacio erótico, lleno de dulzura.

Hombre lobo

Fue uno de tantos errores con que se alimentó la Edad Media. Durante las batidas contra los lobos, de pronto, en medio del bosque, los cazadores sorprendían a un mendigo o vagabundo extraviado en la niebla. La alucinación forzaba a creer que un lobo había tomado la figura humana. El extraño ser capturado era sometido a tormento hasta que confesaba su doble personalidad, y a continuación ardía en la plaza pública y esas llamas favorecían aún más el pavor. Otras veces, en cualquier cacería, alguien disparaba sobre un lobo en apariencia real, y cuando los alimañeros llegaban hasta la pieza cobrada descubrían con espanto que habían abatido a un vecino del pueblo que siempre se había distinguido por sus buenos modales. Que el hombre es un lobo para el hombre lo dijo Hobbes como una metáfora política. Hay muchos chacales vestidos por los mejores modistas que asoman dos zarpas por la bocamanga y muchos caballeros que besan la mano de las damas sin quitarse los colmillos. A eso se llama civilización. Pero hoy existen unas formas medievales de hombre lobo implicadas en el terror de estos días. En el fondo de la guarida donde se ha refugiado estará insomne y tiritando de miedo el violador y asesino de esa niña que era dulce como Caperucita, y el último en saber qué ha pasado será él mismo. De repente había sentido un latido en el vientre que le impulsaba irresistiblemente a devorar a una criatura hasta el fondo de las entrañas obedeciendo una llamada del tiempo de las cavernas. Así lo hizo. Y si hoy la policía no lo encuentra es porque estará en el bosque con la manada disfrazado de lobo de verdad. Idéntico terror causa contemplar dentro de la jaula a un lobo del Perú que de pronto ha tomado la figura de un jefe de guerrilleros, Abimael Guzmán, capturado por el lobo Fujimori, que va vestido de presidente de la nación. Vivimos una época de pestes, guerras y cataclismos especiales. A esto se ha añadido la nueva forma del hombre lobo. ¿Queda algo para aterrorizarnos todavía más?

Drácula

Nada era tan espeluznante como ver a aquel hombre maduro en su descapotable rojo buscando de noche un cuello de mujer por toda la ciudad. No llevaba la capa de murciélago ni brillaban sus colmillos a la luz de la Luna. Se llamaba Drácula, en efecto, pero lucía un bronceado de lámpara, una calva peinada, un Rolex de oro, una camisa de seda muy pegada. Era la primera noche del verano, y el conde se había echado a la calle ansioso de encontrar una tierna yugular en cualquier antro de moda, y aunque a bordo del descapotable rojo se creía irresistible, no podía evitar las miradas de lástima cuando pasaba junto a las terrazas donde tantos jóvenes esplendorosos bebían. A esa hora trepidaba el asfalto alrededor de los abrevaderos, y en cada uno de ellos se celebraba el solsticio con el mismo ritual: todo el mundo buscaba un trébol de cuatro hojas en el sexo del contrario o, en su defecto, buceaba con delirio hasta el fondo de un licor para olvidarlo, y esa brega desesperada creaba en los recintos de la noche una hoguera y en ella ardía sin consumirse la belleza de la carne.

La imagen más terrorífica de la modernidad consiste en un viejo a bordo de un descapotable.

Por los sótanos y terrazas de la ciudad Drácula se paseaba lentamente en la noche de san Juan. Parecía uno de esos tipos maduros que trata de recuperar la juventud perdida flagelándose con dietas, bronceados de lámpara y ropa siempre de una talla inferior. Pero este hombre no era un galán próximo ya al desguace, sino el conde Drácula en persona, aunque un poco desvencijado, el cual iba también detrás del amor, siguiendo la costumbre del solsticio. En ese momento se hallaba acodado en la barra del Cock, y junto a él había muchos cuellos femeninos con la yugular palpitando, y el conde los miraba con ansiedad. Entre todos, eligió uno. La muchacha bajó al lavabo y él la siguió. Al instante se oyó el alarido. Cuando los clientes acudieron en su ayuda, Drácula ya se había esfumado, pero en el cuello de la chica con sus colmillos había dejado una mancha de sangre en forma de trébol de cuatro hojas. Algunos dijeron que era el trébol de la suerte.

Diamante

Todas las pasiones se desarrollaban dentro del gran diamante. Este rascacielos de vidrio se erguía al borde de la avenida más moderna de la ciudad, el sol cada día lo tallaba desde diversos ángulos y su luz a veces se confundía con la sustancia reflejada. Todos los estratos de esta inmensa piedra preciosa eran despachos de empresas, salas de fiesta y habitaciones de un hotel donde miles de personas durante la jornada realizaban los actos ordinarios de la existencia, los cuales se descomponían en infinitos destellos de cristalografía. En la entrada principal de este diamante había un conserje con chistera y falsos pavones de mariscal que saludaba a cuantos penetraban en él. De esta forma también le hizo una reverencia cuando llegó el asesino para actuar aquella mañana. Otros rascacielos se levantaban en el contorno, pero éste poseía cierto cariz sagrado ya que había sido construido según las medidas áureas de algunos edificios de la antigüedad. Las pirámides, los templos de la historia en los sótanos contienen todavía nidos de serpientes que se hunden como raíces en el desierto para sus-

Me obsesiona la muerte como una forma de cristalografía.

tentar los sillares. La escritura jeroglífica cubre las tumbas elaboradas de estos recintos secretos; algunas de sus roídas inscripciones narran crímenes que acontecieron en sus cámaras invisibles. No sucedía así en el interior de este rascacielos de cristal. Allí todo era evidente. Unos danzaban, otros pulsaban ordenadores, muchos firmaban contratos y la transparencia del diamante le daba un aire de ficción a cualquier ínfimo gesto humano. Éste era contemplado por el público desde la calzada más moderna de la ciudad, de modo que todo el mundo pudo ver la acción del asesino. Éste penetró en el interior del diamante, subió hasta el último piso y una vez allí sacó el cuchillo y lo asestó en el corazón de la víctima. El rascacielos coronaba la ciudad como una piedra preciosa, como un acantilado, y hay que insistir en que la voluntad de la navaja fue una ráfaga de faro que encendió para siempre el asfalto.

Butaca

Hoy el espectador ha puesto el listón muy alto: hay que comerse una docena de ciudadanos y encima ser guapo para triunfar en el telediario. Aun así, después de cometer el crimen más abyecto sólo conseguirás ser rey por un día. El anonimato te devorará en seguida sin darte opción a que te luzcas otra vez. Mientras Lawrence Olivier recita el monólogo de Hamlet, el ama de casa ve la televisión de pie batiendo los dos huevos de la tortilla y cuando la palabra de Shakespeare alcanza el momento supremo se oye al vecino que tira de la cadena del retrete, pero a continuación aparece en pantalla un individuo de ojos verdes que ha matado a medio centenar de ancianas y a uno le pilla cruzando el salón en busca de la botella de whisky en el carro de los licores. No importa la cantidad de sangre, ficticia o real, que el televisor derrame: hoy la cultura consiste en la calidad, en la comodidad de la butaca desde la cual uno contempla el repertorio de catástrofes de cada jornada. La butaca es al mismo tiempo el refugio y la barricada. ¿Qué delito habría que cometer para ganar la medalla de oro si hubiera una olimpiada de criminales? ¿Qué nuevo escándalo o distinto cataclismo se puede soñar para tener derecho a una fracción de telediario? Bombardear Bagdad, ser un payaso de circo y haber degollado a 28 niños, ejecutar en directo a un subnormal en la silla eléctrica a la hora de máxima audiencia, llegar el primero con la cámara a la carnicería de cualquier atentado sólo consigue fijar la atención del espectador un minuto. En este final de milenio la cultura no está en el libro que uno lee ni en el espectáculo que se contempla, sino en la forma de estar aposentado frente al crimen verdadero o falso que se va a exhibir cada día. Lo importante es sentirse cómodo en la butaca y que ésta sea de diseño, que el criminal posea una belleza lo más exótica posible y que sonría con una dentadura perfecta, pero sólo si el ambiente es muy confortable y el whisky se encuentra a mano es probable que uno consiga aprenderse el nombre del asesino.

Hoy ningún
crimen tie-
ne interés si
no está grabado
en directo. El
asesinato en
vivo del presen-
tador del telediario.

La capucha

Un terrorista puede soltar una frase idiota, pero si la pronuncia lentamente con la cabeza dentro de una capucha, entonces esa idiotez adquiere la sonoridad de Sófocles. Con el rostro tapado y una metralleta en la mano, las palabras banales alcanzan mucha profundidad y no menos espanto; por eso el hombre para imponer sus ideas se ha servido tanto del disfraz como de las armas. Velados con máscaras de animales, los hechiceros bailaban junto a la hoguera simulando una cacería, emitían sonidos guturales y éstos atraían a los venados. Los matarifes ya estaban preparados. Luego los sacerdotes se han adornado la frente con grandes cornamentas y a través de la historia no han cesado de lanzar comunicados llenos de amenazas y consejos, mientras también danzaban y el infierno se hallaba a disposición de los fieles. Los cómicos se han ocultado siempre detrás del maquillaje para desarrollar los simulacros. Los jueces se han vestido con oscuros faldones y nunca han osado dictar sentencia sino parapetados en la trasera de las cornucopias. ¿Qué sería de la moral sin la liturgia y del veredicto sin los negros ropajes? El podio de los políticos, la carátula de los tragediantes, la capa de los obispos, el uniforme de los militares y la toga de los jueces son ornamentos que los hombres utilizan sólo para dar prestigio a la voz. Ninguna máscara griega podría compararse con el capirote de un terrorista cuando lanza un sermón. Dentro del vacío que genera ese embozo, las ideas vulgares, las ambiciones rastreras, conquistan el sonido de un drama maravilloso. Ningún báculo ha logrado el vigor de la metralleta, pero ésta no tiene más fuerza que la oscuridad. Por eso el poder busca las sombras, ya que éstas acrecientan su propio volumen y dan una apariencia de solidez a los fantasmas. La luz que desintegra a Drácula es la misma que aniquila a los terroristas. La noche, la ambigüedad, el silencio o las frases pronunciadas dentro de una capucha dan mucho prestigio, y frente a él la democracia sólo tiene el arma de la libertad, que es el ácido más corrosivo.

El chubasquero es la casulla de los terroristas. y la capucha, su mitra

Bailable

Cuando esto suceda, felizmente ya no existirá España ni el País Vasco. Dentro de 500 años, cuando la historia haya mandado a ambas patrias a tomar por el saco, en la plaza de alguna ciudad del norte cuyas fachadas serán de un material que aún no se ha inventado, se celebrará un acto cultural en presencia de un público selecto de este o de otro planeta. El espectáculo consistirá en una danza cómica de origen desconocido. Unos bailarines vestidos con ropas de finales del siglo XX treparán por la pared de un edificio oficial de cartón piedra para quitar del balcón un trapo de color rojo y gualda, mientras otra parte del elenco disfrazada de guardia tratará de impedirlo tocando la flauta dulce. Con pasos alados y mimos indescifrables, la coreografía hará la representación de una batalla con muertos, pero nadie comprenderá el sentido de la acción. Sólo algunos antropólogos sabrán interpretar el valor que en el pasado tuvieron las banderas, e intentarán, sin éxito, explicar el ritual sangriento de aquellas tribus expresado con esta danza. De la misma forma que, el día de la patrona, en cualquier pueblo, hoy se baila con unos bastones que son un vestigio estilizado de las garrotas del troglodita, así, después de pocos siglos, los coches bomba en el supermercado, los tiros en la nuca, todos los actos de terrorismo que ahora se representan en carne viva, se transformarán en ejercicios de expresión corporal, en motivos musicales para sinfonías cuyo sentido se habrá perdido, si bien los espectadores aplaudirán con entusiasmo la función. La cultura consiste en convertir la violencia en folclor, en bailar sobre lo que se mata. Cuando el terrorismo se convierta en un ballet, España y el País Vasco no existirán, pero, en una plaza del norte, unos payasos morirán en escena tratando de arriar una misteriosa tela roja y gualda. Nadie comprenderá el argumento de esa obra. Sólo algunos eruditos sabrán que matar a un guardia fue en aquel tiempo un acto de iniciación sexual, que la bandera significó una patria llena de sangre.

Patrulla

Como un chacal a la caída del sol, el chico estaba apostado en una esquina del barrio esperando que pasara la presa. Entonces vio a una mujer de mediana edad que cruzaba la calle, y con la misma acción medida de otras veces él salió disparado desde atrás, se abalanzó sobre ella, le arrebató el bolso y siguió corriendo sin que ninguno de los dos se hubiera mirado a los ojos. Mientras huía, el joven drogadicto fue escarbando el botín, y tres manzanas más allá arrojó el bolso vacío entre dos coches aparcados para quedarse sólo con la cartera. Se sentó jadeando en el banco de un paseo y comenzó a explorarla con los dedos temblorosos. Contenía 3.000 pesetas, cantidad suficiente para la dosis de ese día, pero en medio de las tarjetas de crédito había algunas fotografías, y en una de ellas el joven, lleno de espanto, se descubrió a sí mismo sonriendo en un parque abrazado a su madre. No pudo evitar las lágrimas al leer en el carné de identidad el nombre de la víctima del robo junto a aquel rostro sellado. No obstante, con ese dinero se pinchó. La madre, muy excitada, contó esa noche al llegar a casa que un drogadicto la había asaltado, y su hijo la escuchaba en silencio mirando muy pálido el plato de la sopa. Los padres no habían descubierto aún la jeringuilla dentro de las bambas podridas del chico, pero el marido era uno de esos que habían decidido implantar el orden por su cuenta en la calle a bastonazos. El azar de la ciudad quiso que este hijo atracara a su madre en una esquina, aunque poco después el azar se hizo más terrible todavía. Bajo un cúmulo de linternas rojas, una patrulla de justicieros privados estaba dando una batida con palos para limpiar de drogadictos ese barrio de clase media. De pronto, aquel padre airado se vio arreando garrotazos a un muchacho tirado en la acera, y sólo cuando fue iluminado por los furgones de la policía, que llegaron en su auxilio, el hombre se dio cuenta de que estaba apaleando a su propio hijo, el cual sólo gritaba palabras inconexas de perdón sin lograr ser entendido.

Vellocino

En adelante llamaremos pobreza a lo que antes llamábamos comunismo, y habrá que levantar otros muros de la vergüenza mucho más altos para evitar que ese enemigo nos invada. Aun así es probable que los mendigos de la Tierra se arrojen en paracaídas sobre la tarta de Europa o revienten el paraíso de Norteamérica igualmente desde dentro. Cada día resulta más difícil ser un demócrata feliz y sonrosado, degustador de vitaminas. En las fronteras del Occidente cebado se oye de noche el fragor genésico que producen los hambrientos al multiplicarse, y ellos han comenzado a saltar uno a uno las vallas de esta pastelería, pero ya falta poco para que lleguen levas del Sur o del Este en masa formando un horizonte de cabezas. Aunque haya fosos electrificados en el frente de Polonia o nidos de ametralladoras en Algeciras, los desheredados del planeta avanzarán atraídos sólo por el dulce sabor que despide nuestra orina. Tomar vitaminas, sales y minerales constituye la orgía que nos define; millones de cápsulas con todos los elementos bioquímicos son ingeridas cada hora compulsivamente a bocados por los felices demócratas de Occidente, pero es bien sabido que sólo un ínfimo porcentaje de estas pastillas logra ser asimilado. El resto se elimina por la vejiga. No existe fuente más rica en minerales que los retretes del hogar del pensionista, las letrinas de los Ministerios, el cuarto de baño de los hoteles o la propia taza. Es fabulosa la cantidad de hierro, calcio, fósforo, cobre, zinc, magnesio y otros complejos que los ricos expelen por la uretra a fondo perdido. La orina de los europeos, compuesta por toda clase de vitaminas, puede todavía ser un sueño para los pobres del mundo, y por eso ellos han desplegado grandes ejércitos destinados a invadir un territorio cuyos habitantes excretan oro líquido, según han oído contar. Ésta es ahora la leyenda que se escucha en los lugares asolados por el hambre. De ahí vendrán los argonautas desnudos a conquistar ese moderno vellocino que es nuestra maravillosa vejiga.

Desfile

Lo más moderno que he visto en Nueva York ha sido una manifestación de vagabundos, hombres rata de ojos blancos por una calle del East Soho. Eran varios centenares e iban en formación de ocho en fondo por el asfalto que el sol terrible había escalfado, protestando contra el cierre del parque Tonkins, donde dormían. Caminaban a grandes zancadas y algunos se parecían a Lincoln, otros a Satán, algunos a san Francisco de Asís, y entre ellos no había ningún negro ni hispano. Todos eran de color ceniza, de tipo polaco o irlandés. No llevaban pancartas, sino una expresión sideral en el rostro, y atrás iban dejando un hedor a choto, que en el aire espeso se confundía con la dulzura podrida del *ice-cream* y con los rebufos de soja que expulsaban los restaurantes chinos. Una larga dotación de guardias flanqueaba el viaje de los vagabundos con plateadas Harley Davidson, y con otros caballos de sangre, cuyos relinchos eran parejos a los rugidos de los tubos de escape. Aparte del olor a cabrío, con los mendigos también avanzaba un halo de alcohol, que a muchos les confería un talante intelectual, y desde la acera, sin desdén, contemplaba la marcha un público compuesto por morenos de rapadas cabezas, sólo adornadas con inscripciones de pelo en forma de oraciones o blasfemias. Un fraile franciscano, a todas luces hermafrodita, repartía entre los vagabundos raciones de algún licor matarratas como medida de caridad, pero lo más espectacular era el silencio espiritual de estos extraterrestres unido al estruendo de las sirenas que los envolvía. Nueva York es la única ciudad en el mundo que no imita a nadie, y por otra parte nada es más elegante en este mundo que un vagabundo neoyorquino. Muchos de aquellos seres de ojos blancos llevaban libros bajo el brazo. Unos marchaban cubiertos de harapos leyendo el *Ulises*, de Joyce, y otros, desnudos, se cubrían sólo con la barba los genitales apagados, aunque algunos lo hacían con el periódico del día. No se dirigían a ninguna parte.

Tribunal

El espejo ante el cual uno se afeita o se maquilla cada mañana se ha convertido en el único tribunal que te juzga. Para no tener que enfrentarse con él, muchos intelectuales se han dejado barba. Aquel joven rebelde que quería cambiar el mundo, con el tiempo ha ido aceptando las reglas del juego, se ha acostumbrado a digerir todas las matanzas, pero esta actitud pragmática le ha creado grumos de grasa en los mofletes y cada ideal quebrantado le ha añadido un poco más de pellejo colgando de la mandíbula hasta completar la propia máscara que lo define. Ahora es un realista de pelo gris, un triunfador con bolsas moradas alrededor de los ojos. Su rostro ha sido modelado por las sucesivas deserciones y así el conjunto de arrugas y erosiones constituye un trazado por donde él mismo como un explorador ante el espejo podría remontar el camino hacia aquellas fuentes esplendorosas de la juventud que alimentaron su rebeldía. Sabe muy bien a qué caída moral se deben las distintas lesiones de su piel. Las patas de gallo comenzaron cuando por fin un día reconoció que no todos los hombres eran iguales; después de negarse por primera vez a firmar un manifiesto contra el hambre en el mundo descubrió con angustia que tenía ya un poco de papada; ese lobanillo que hoy le infla la raíz de una oreja coincidió con su conversión a la Escuela de Chicago; las primeras canas en las cejas llegaron junto con su creencia en la geopolítica como forma de entender la pobreza planetaria; un párpado se le vino abajo cuando de pronto se vio obligado a justificar un caso de tortura para no perder el cargo; cierta expresión de amargura en los labios bajo la torva nariz que aún le va creciendo responde sin duda al amor que de repente se le ha despertado por los norteamericanos. Al levantarse de la cama cada mañana aquel joven rebelde comparece ante este tribunal y, mientras se afeita o se maquilla, es juzgado. Frente al espejo exhibe la propia máscara labrada por todos los actos de sumisión, por todas sus renuncias. Y sólo por ellas es condenado.

Habas

En Sodoma y Gomorra también había buenos ebanistas, honrados panaderos, comerciantes que vendían las legumbres a un precio razonable. Si Dios no encontró allí a un hombre justo fue porque sólo leía la prensa amarilla, que alimentó su cólera hasta cegarlo. Bajo una lluvia de azufre, aquellas ciudades quedaron sepultadas. Como en Sodoma y Gomorra, ahora también vivimos un tiempo de pensamiento débil y de realismo sucio: los asesinos limpian la sangre del cuchillo con saliva, no con las propias lágrimas; por el fondo de la madrugada van nuestros poetas más líricos buscando bujarrones entre contenedores de carne congelada; en el depósito de cadáveres canta Julio Iglesias por el hilo musical, y ya no hay nadie que no tenga una historia que ocultar. Los periódicos bombean cada día un poco de basura hacia la superficie de la sociedad y en ella flotan panza arriba políticos corruptos, banqueros libidinosos, especuladores con dientes en la tráquea y otros tiburones de secano. Arrepentíos, hermanos. La lluvia de azufre se acerca otra vez. No obstante, en el

La democracia es una máquina de bombear basura. Cuanta más basura en la superficie, más democracia. Hay que felicitarse por ello.

campo están naciendo ahora mismo las habas de leche y pronto los primeros guisantes se hallarán prestos junto al corazón nevado de las lechugas. También en la mar ésta es aún la buena época de los erizos y entre las rocas de los farallones hay muchos niños buceando y sus gritos tienen una resonancia homérica en ese silencio que coincide con la luz. Mientras el fin del mundo llega, bueno será tomar unos erizos perfumados en una terraza del Mediterráneo hablando de cosas vanas bajo los plátanos que ya florecen. Nuestra sociedad está sólo estructurada por una legión de guardaespaldas. Éstos ocupan los sótanos, ascensores y antedespachos, e imponen la filosofía del mastín en torno a pequeños reyes de la salchicha. La prensa sigue bombeando basura general cada día, pero es cierto que en Sodoma y Gomorra también había artesanos excelentes, buenos panaderos, gente que pagaba puntualmente los plazos y en su huerta crecían las habas más tiernas.

y el que dice habas, dice espárragos.

Progresista

En su época este hombre fue un progresista de molde. Usó barba y morral de apache, encendedor de mecha y cincho de la contracultura; se vistió de nudista con el lino de Ibiza, amó la libertad tanto o más que a los pepinillos de Bulgaria y tuvo una novia holandesa que se adornaba con harapos de muselina, y con ella peregrinó a Katmandú. En aquel tiempo de incienso y napalm este hombre también quería cambiar el mundo, e incluso concibió un sueño revolucionario, pero el plan quinquenal sólo lo adoptó para cultivar marihuana en una maceta. Pasó directamente del corazón de Jesús al corazón de Mao, y de éste al de Krishna Murti, aunque la dictadura le había obligado a hacer un *master* de tres meses en Carabanchel, donde recibió la bendición de Camacho y trató a algunos presidiarios que luego llegaron a ministros. Lo sabía todo de las tribus del Amazonas. Engendró un hijo quemando nueces de sándalo mientras Franco expiraba, y entonces se le vio bajo las nubes de los gases lacrimógenos en el culo de saco de la historia. Después vino la democracia, y el rastro de este progresista se perdió. Amigos suyos se convirtieron en banqueros, diputados, jefes de empresa, y él pudo haber sido uno de ellos, pero se esfumó y no ha aparecido hasta la semana pasada. Ahora tiene casi 50 años y no es exactamente un mendigo madrileño, aunque se gana la vida en la puerta de una iglesia del barrio de Salamanca, ayudando a subir los peldaños del templo a las ancianas de visón que acuden a misa. Las recibe en la calle al pie de la escalinata, les ofrece el brazo sonriendo y a continuación, con suma delicadeza, se las lleva en volandas hasta el cancel, y allí recibe de ellas un óbolo que no es una limosna. Con tesón ha logrado hacerse con una clientela fija compuesta de marquesas y viudas de general que requieren sus servicios porque este hombre es limpio, galante y de barba blanca. Quería cambiar el mundo, y en el morral ahora lleva una navaja ecológica. Mientras los socialistas se pasan a los nacionales, aquel progresista hoy es un introductor de beatas.

Dama

Sigilosamente, la Dama llega cuando tú acabas de salir de casa, y es imposible cruzarte nunca con ella ni ver su rostro de nieve, porque el relevo se produce sin ti en la oscuridad, con todos los espejos velados. En la mesilla de noche, la Dama observa tus lentes junto al libro que leías, la esfera de un reloj sin manecillas con el tiempo quebrantado para siempre. La Dama pronuncia tu nombre, pero en ese momento aún estás tomando una copa con los amigos en el bar, y ella te espera sentada al borde de la cama. Uno sólo se muere si ya está muerto, y una vez muerto ya no se muere más. Al regresar a casa de madrugada, la Dama se acaba de marchar, pero descubres que el embozo de la cama ha sido levantado. Hay señales en la sábana de haber soportado un cuerpo muy leve que no era el tuyo. También adviertes que una mano posiblemente descarnada ha abierto el libro de cabecera y tal vez unos ojos blancos se han recreado leyendo un capítulo más con la luz apagada, mientras en la ciudad de noche hablabas de la inmortalidad entre licores. Alguien ha arrancado las manecillas del despertador, y, no obstante, te dispones a dormir ignorando si vas a quedar para siempre atrapado en la región de los sueños. Nadie se muere que no esté muerto de antemano. Durante la travesía de los sueños te has visto a ti mismo en una calle donde la soledad era tan espesa que se podía cortar con un cuchillo, y a tu alrededor la gente se agitaba fuera de quicio buscando el placer como si la bombardearan. A la mañana siguiente, la Dama vuelve sigilosamente a tu habitación cuando acabas de partir hacia la oficina, pero al llegar al despacho sientes que tu sillón está caliente, y en la agenda del día, sobre la mesa, ella ha escrito una nota con caracteres arábigos para recordar que tenías una cita ineludible cuya fecha ya ha caducado hace años. Es imposible cruzarte con la Dama y ver su rostro. A pesar de eso, ella te espera de nuevo sentada al borde de la cama leyendo el último capítulo del libro que tú leías.

Cabalgar

Era guapo, extremadamente guapo, y tenía los testículos de piedra ónice e iba sobre ellos cabalgando una motocicleta de fuego por las tinieblas del sábado en aquella ciudad donde resplandecía una zarza ardiente en cada esquina. Con los ojos de hielo, este macho en llamas volaba por la estratosfera de asfalto con una virgen pegada a los riñones dejando una ráfaga de hedor cabrío en la noche. A esa hora ya hervían los cuchillos en la niebla, sonaba la enorme berrea de los venados cerca de los abrevaderos y en todos los banquetes se hallaba sentada la muerte bajo la forma de una mujer pálida que impartía en una misma copa a los invitados la peste y el placer de los sentidos. Todavía era humano aquel joven motorizado pese al vértigo de la máquina, y la chica que lo acompañaba también parecía humana, aunque los cascos fosforescentes y las vestiduras de amianto imponían a ambos una imagen sideral. Ellos no se dirigían a ninguna parte. Tampoco huían. Sólo querían fundir el espacio sagrado de la ciudad con las propias vísceras en una travesía instantánea que tuviera el fulgor del rayo

Cabrio es un adjetivo obsesivo.

hasta alcanzar la unidad más dulce de la carne y el terror. La velocidad casi les obligaba a despegar. Muy pronto con la fricción de su cuerpo contra la oscuridad el joven motorista comenzó a arder y en seguida supo que una rótula o tal vez un trozo de fémur se desprendía de él como un ascua incandescente. Así fue el principio de la desintegración. A medida que aceleraba se iban quedando vacíos, cada miembro se convertía en una centella que salía disparada y en la primera curva a la chica se le voló la cabeza, pero el piloto ya viajaba con el corazón fulminado. Su sexo de ónice había caído sobre el oscuro festín en un sótano de centauros, los senos de ella habían entrado en órbita y serían siempre astros. Cuando un macho y una hembra tan bellos montados en una maquinaria ambigua quedaron sin carne ni memoria, se transformaron en los ángeles más veloces de aquella noche del sábado en la ciudad y ya nunca dejaron de cabalgar.

Baluarte

Reina en toda Europa el gótico nuclear. Las ojivas de los misiles son las nuevas agujas de la catedral de Colonia o de Reims y los ríos bajan llenos de carpas muertas, pero la Gioconda aún sonríe. Al pie de los antiguos baluartes hay osarios petrificados y sobre ellos se celebran ahora los desayunos campestres. Varada en el cieno dentro de cada estanque, duerme una Ofelia ahogada con guirnaldas todavía en la cabellera mientras cae mansamente la lluvia ácida en el corazón del bosque donde algún leñador en su cabaña escucha a Bach cortándose las uñas con el hacha. La rebeldía ha terminado. Los jóvenes sólo aman la propia mochila y ésta contiene profilácticos, embutidos y el saco de los sueños. Con ella en la espalda recalan en las escalinatas de los museos, conciben allí playas lejanas con palmeras y luego siguen viaje sentados en las rodillas de un camionero. Las buenas amistades hoy se sellan en la antesala del depósito de cadáveres, en la cola de una exposición de Matisse, en cualquier acampada a favor de las ballenas, en un sótano repleto de rehenes durante el atraco de un banco. La cultura consiste en ser a la vez Narciso y el pozo oscuro en cuyo ojo intestinal él se refleja. Al final del milenio todo lo fascinante ya es lícito. El Papa habla de amor desde el interior de una urna antibalas, un académico le rompe la nariz con un martillo a la *Piedad* de Miguel Ángel, los cohetes llevan a militares patizambos hasta las galaxias, perros caniches comen sentados a la mesa en los restaurantes de cinco tenedores, algunos poetas metafísicos trabajan en los mataderos municipales, los ángeles caen sobre los odres de vino y el resplandor de la carne de tocino ilumina la fe de los últimos cristianos. Últimamente se ha hecho este gran descubrimiento: el infierno es el verdadero Sur. Después de la muerte no hay que esperar nada bueno de un ser que ha fabricado un mundo como éste. Dios es azul. Dios es el mar. Sobre él debe uno navegar siempre para trazar con la belleza una línea desesperada de resistencia.

El tocino ilumina incluso la fe de árabes y judíos.

El vigilante

En la ciudad abandonada, que ayer tenía casi un millón de habitantes, ahora sólo viven un hombre y una mujer. Todos huyeron cuando sobrevino la peste, pero ellos han permanecido cada uno en su apartamento desafiando el pánico sin renunciar a la propia soledad. No se conocen. No saben nada de su mutua existencia. Ambos recorren un laberinto contrario por las calles desiertas todos los días, y no existe la posibilidad de que se encuentren nunca. La desbandada se produjo un lunes por la mañana dejando los fugitivos las puertas abiertas. Los dos supervivientes pueden entrar en los palacios, en las pastelerías, en las oficinas del Estado, en las cafeterías deshabitadas, donde el viento ya ha derribado algunos anaqueles. No se ve ningún perro en el asfalto, y tampoco la radio da música ni noticias. En cambio, la televisión funciona, aunque ha quedado paralizada. Bajo el polvo que se va acumulando en las infinitas habitaciones vacías de la ciudad, la pantalla sólo emite una imagen fija: el rostro de un tercer desconocido. La mujer deambula por las aceras mirando escaparates llenos de telarañas y a veces se introduce en una casa elegida al azar. Allí se refleja en los espejos, explora los armarios, contempla las esferas de todos los relojes detenidos y al final de una jornada de camino ella se pierde sin haber hallado nada que no sea una imagen fija repetida en los sucesivos espacios. El hombre realiza también el antiguo trazado. Llega por la mañana al Ministerio, circula por los despachos abandonados y elige uno para dormir un rato; después baja al bar y mira la calzada muerta durante un tiempo indefinido. La mujer nunca pasa por allí. Sólo el rostro del tercer desconocido sonríe bajo un antifaz. El laberinto que el hombre y la mujer describen en la ciudad se expande con otras batidas diarias, aunque nadie debe esperar que sus vidas se crucen alguna vez en una esquina. Ellos lo ignoran, pero están solos en el mundo. Los demás han muerto de peste, y en el televisor ha quedado un desconocido vigilándolos.

El Sol

El Sol ha caído en un descrédito absoluto. En los países donde domina, se extiende la pobreza. Y no sólo eso. Se sabe a ciencia cierta que este astro devora literalmente a sus adoradores. Existen unos crímenes llamados solares: son aquellos que se cometen en su nombre cuando los asesinos están deslumbrados. El Sol fue un dios. Los hombres le ofrecían corazones vivos para hacerlo propicio. Lo consideraban benefactor, pero los perros más listos siempre se han puesto a la sombra a partir de enero, lo cual es sospechoso. La sequía produce grandes caballeros, creyentes fanáticos, pícaros, místicos, melones dulces e higos chumbos. Con esos materiales se construye una cultura bajo el animal totémico que es el pollino, ejemplo de resignación cristiana. Y también *Rocinante*, flaco y cabalgado por un hidalgo devorador de gachas. El Sol engendra tiranos, infinitos leguleyos y políticos barrocos. Después de muchos siglos de vernos atrapados por la maldición del Sol, en estos últimos años nuestro territorio parecía haber encontrado un maravilloso nublado. Había muerto en la cama el gran sátrapa, y con su óbito fuimos asimilados a la democracia y a la mantequilla. Llegaron los socialistas e incluso comenzó a llover, no sólo agua, sino una nube de especuladores, inversores, blanqueadores, los cuales con dólares negros lo compraron todo, fábricas, montañas, oficinas, negocios de chorizos, chaflanes, costas, almas. Estas gentes del maletín se han comportado como los tordos. Se han tirado en bandada sobre los olivos, se han comido las aceitunas y han huido. A la sombra de estas aves de rapiña, por un momento nos sentimos europeos sin dejar de ser faraones, espléndidos y despilfarradores igual que un pollero el día siguiente en que le toca la lotería. En medio de este boato de nuevos ricos, alguien de repente ha descubierto que estamos arruinados, que nunca habíamos dejado de ser pobres y barrocos. Creo que la culpa la tiene el Sol, el dios fiero que siempre nos devuelve a nuestro origen.

Y aún queda por decir que el sol penetra por los agujeros de la capa de ozono con cada rayo convertido en un rabo de Satanás.

Los pobres

Los pobres están en todas partes. Cuando uno viaja por el mundo puede contemplar la miseria humana al pie de hermosas cordilleras de nieve, las multitudes hambrientas que anegan ya las aceras de los más bellos palacios en las ciudades antiguas, los inmensos basureros que se expanden por los valles. Los pobres están en todas partes y no hacen sino multiplicarse de forma ciega. Crecen en las escalinatas de los templos de cualquier clase de dios, se reproducen en el interior de las selvas, duermen a la sombra de los rascacielos. En el silencio de la noche bajo las estrellas se oye el estertor de su orgasmo, que es un grito de guerra. Con la fecundidad ellos esperan apoderarse de la Tierra, y al parecer, esta victoria se halla ya en el horizonte, donde humea la paja de los bidones. La miseria humana constituye un mar que va cubriendo la mayor parte del planeta, aunque por fortuna su oleaje no es siempre borrascoso. En zonas muy abrigadas, a veces la miseria humana crea suaves bahías, y en ellas se remojan la conciencia los sociólogos de mesa redonda, los artistas exquisitos y los nuevos filósofos amantes de la verdad y del codillo de cerdo. No hay modo de detener a los pobres. Los sacerdotes los bendicen para calmarlos, los intelectuales los ignoran para que no existan, los políticos alimentan las armas para aniquilarlos, pero ellos avanzan por todos los caminos que conducen a una salvación desesperada. En su poder están las montañas más bellas del mundo, los ríos más caudalosos, los desiertos resplandecientes. Sus alaridos traspasan la naturaleza y después de fermentar todas las religiones con el sufrimiento y de abatir todas las culturas con el hambre ahora esa marea se encuentra golpeando los muros de Occidente, en cuyo espacio los intelectuales juegan a la perejila. En las reservas estéticas de los países industriales se ha puesto de moda ser maravilloso y tener ideas de color malva, pero si uno se da una vuelta por el mundo atravesando el espectáculo terrorífico de la miseria humana se da cuenta de que todas las horas están contadas.

¿Será el Nuevo Ropero un compromiso para intelectuales?

Aluvión

Las tropas del Pacto de Varsovia van a invadir muy pronto Europa occidental, y lo harán con regimientos disfrazados de mendigos, sin disparar más tiros que los necesarios para exigir una limosna. Los túneles de cada ciudad, los jardines públicos, las escalinatas de los monumentos se convertirán en sus deprimidos cuarteles, y en ellos estos mendigos eslavos fermentarán. Toda la pobreza del planeta ha unificado ahora sus aguas formando un solo río con varios brazos que está a punto de verter gran parte de su caudal en este espacio mantecoso del Mercado Común, donde el cielo es un inmenso tocino. El inicio de la revolución soviética produjo en las capitales europeas una riada de rusos blancos que se zamparon todas las ostras, mientras los cíngaros derramaban lágrimas de violín sobre sus pescuezos en los restaurantes. Aquellos fugitivos de oro señalaron el camino. Han tenido que pasar siete décadas desde entonces para que los esclavos de aquellos señores derribaran el muro que les impedía perseguirles hasta el corazón de París. Esa barrera por fin ha caído, y algu-

Escribí este artículo dos años antes de que comenzara la invasión.

nos vaqueros fatuos que hoy son cortejados por los intelectuales creen que la revolución soviética ha fracasado. Precisamente es ahora cuando empieza. Dentro de pocos meses se realizará la primera invasión compuesta por seis millones de rusos hambrientos que asentarán sus reales en la intimidad de nuestro capitalismo, y allí se pondrán a germinar. No habrá ostras para todos ni siquiera sopa de berzas en la trasera de los templos, pero nuevas legiones seguirán llegando. Tal vez al principio traerán la humildad de los mendicantes, aunque muy pronto cada uno de sus estómagos vacíos será una espoleta que alimentará una sola bomba. Mientras la Guardia Civil española esté cumpliendo la alta misión de contener a culatazos el río de pobreza que sube desde el sur, las oleadas de mendigos del Este con pie llano arribarán a los Campos Elíseos, y cuando ya se encuentren todos aquí, la revolución se producirá por aluvión o inundación. Y Marx no lo sabía.

Carrera

En la pista había seis corredores en línea esperando que sonara el disparo de salida para una carrera de cien metros libres. Ninguno de estos atletas era negro. Los corredores iban vestidos con traje azul, camisa a rayas, gemelos de oro, corbata de seda con pasador, zapatos de tafilete y todos llevaban la mandíbula bruñida con linimento de Paco Rabanne. Estaba a punto de comenzar la gran prueba de velocidad y los seis finalistas olímpicos, que no eran sino banqueros de nueva planta, permanecían en la posición reglamentaria, agazapados como panteras, con la mente concentrada en la victoria, mientras por el ámbito del estadio el altavoz difundía sus nombres con el palmarés de cada uno, cosa innecesaria, puesto que el público que llenaba las gradas los conocía muy bien. La imagen de estos jóvenes financieros se había repetido a menudo en las páginas de economía en los periódicos y también en las revistas frívolas junto a las mujeres más hermosas. Nadie ignoraba la rivalidad que había entre ellos. Faltaban sólo unos segundos para que se iniciara la competición y la gente gritaba cerrando las apuestas. El juez de la carrera levantó el brazo armado con una pistola. De pronto, sonó un disparo, y los banqueros salieron de estampida hacia la meta. Salieron todos menos uno, el cual había caído fulminado de un tiro por la espalda. Los otros huían dando furiosas zancadas, pero al instante se oyó un nuevo pistoletazo, seguido de otros dos. Cada proyectil dio en el blanco, de modo que tres corredores más fueron abatidos y el público los vio rodar ensangrentados por la palestra. Quedaba una pareja de banqueros que aún avanzaban con la boca abierta para ganar la carrera. Entonces alguien apretó otra vez el gatillo, y de los dos contendientes que restaban, uno se proclamó campeón y el otro quedó en la pista con la cabeza volada. El vencedor subió a la tribuna donde le esperaba el Gobierno en pleno, y allí fue condecorado. Se le impuso una medalla de oro y el presidente se fundió con él en un largo abrazo.

Todos los tiros por la espalda los daba el juez de la carrera, incluyendo el de salida. ¿Qué banquero es el que ha quedado vivo?.

Serpentina

Ser de derechas o de izquierdas, progresista o reaccionario es en el fondo un problema de minerales. La ideología del individuo reside en un capilar del cerebro que era hasta ahora inaccesible a la ciencia y por supuesto también al bisturí. Esta diminuta serpentina se halla situada en la última fosa de la mollera, junto a los bulbos de la risa y del llanto, y por ella discurren sustancias químicas adecuadas a la edad. Los jóvenes quieren cambiar el mundo y algunos incluso sueñan aún con hacer la revolución, eso significa que el sulfato de hierro, el potasio y el ácido ascórbico nutren de forma pletórica esa fibra donde se asienta la esperanza. En cambio, a medida que uno envejece se vuelve conservador y esto no es más que un proceso esclerótico. El capilar de la ideología, como cualquier otro vaso o arteria, con el tiempo se endurece, deja de recibir yodo y mononitrato, en las paredes se va fijando el hollín de la existencia y su propietario comienza a verlo todo negro: un navajero en cada esquina y en el horizonte el polvoriento valle de Josafat con las sepulturas abiertas. No obstante, existen muchos jóvenes cavernícolas y ancianos que todavía confían en la dinamita. Son excepciones de la bioquímica, pero de esto hoy la gente se puede operar. Ahora es posible fabricar pastillas que ayuden a creer en Dios, o en su defecto, en el Registro de la Propiedad; ciertas grageas que te conviertan en suave reformista; algunas píldoras que sirvan para seguir esperando la dictadura del proletariado. Después está el quirófano si uno desea la solución definitiva. Te tumbas en la piedra, el cirujano te abre con un escoplo la cacerola y a través de la masa cerebral va en busca de tu ideología, que duerme dentro de un hilo en un lecho de babosas. Con un leve toque de pinzas puede adaptar tus creencias a tus intereses o simplemente cortar la serpentina y entonces te despiertas al final de la anestesia, apartas los visillos y obtienes para siempre del universo la visión de un buen socialista: ves la realidad como un gran plato de arroz con leche.

Es un paso más allá de la Naranja Mecánica.

El asesino

Puede que en alguna vida anterior yo haya sido mercader en Venecia, dama en Shanghai o una col en Bruselas. Del mismo modo, tú has vivido ya en otros reinos del pasado y antes de ser la Simonetta Vespucci que pintó Botticelli fuiste un mendigo en Benarés o la bellísima flor de un cactus. El sueño de tu existencia ha ido cristalizando en todas las formas posibles, pero esta transmigración entre los seres no se ha realizado sólo a través del tiempo. También ahora uno vive a la vez en distintos lugares del mundo. Cuando llegas a una ciudad lejana y desconocida, tú ya estás allí de antemano esperándote. Viajar consiste en buscarse en alguna encrucijada secreta. Morir sólo es haberse encontrado. El avión acaba de aterrizar en Berlín, en Kioto, en Alejandría o en cualquier otro punto del planeta que navega todavía en los mares azules de aquel atlas de la adolescencia. Camino del hotel miras desde el taxi la multitud indescifrable. Unos tienen los ojos oblicuos, otros fluyen como una corriente de carne sonrosada, muchos son negros y algunos te devuelven la mirada con las córneas de hielo. Después de abandonar la maleta en la habitación sales a la calle para iniciar tu propia captura. ¿En qué lugar exacto de esa ciudad desconocida se hallará la otra mitad de tu ser? A esa hora tal vez estará en la sala de un museo, en un prostíbulo, en una estación del suburbano esperando un extraño convoy. Mientras paseas por avenidas ignoradas, de pronto en una esquina descubres a un amigo de tu infancia que había muerto, y cuando atraviesas el parque corre a tu encuentro la primera novia que tuviste de joven en una capital de provincia. Vas por el laberinto de una ciudad desconocida buscándote. Tal vez te encuentras en Singapur y después de contemplar algunos monumentos entras por curiosidad en la Corte de Justicia, donde se celebra un juicio público. El asesino está sentado en el banquillo y, aunque lo ves de espaldas, lo reconoces en seguida. Sabes que eres tú mismo. En ese momento lo acaban de sentenciar a muerte.

Gary Cooper

La vida es una ficción en la que Gary Cooper muere de verdad. Y no sólo él, sino también la hija rubia del granjero, el jefe de la estación, el juez de la horca, el vendedor de biblias, los cuatreros y todos los indios. A veces, Gary Cooper, con lo guapo que es, no llega ni siquiera a la mitad de esta película. Lo matan por la espalda en seguida, y el asesino, que sobrevive siempre, al final de la sesión baja de la pantalla y abandona la sala detrás de ti por el pasillo del patio de butacas para continuar su acción en la calle, donde a cada espectador le espera la vida cotidiana, que nadie sabe si es exactamente real, puesto que en su mayor parte se compone de una trama de noticias parecida a la nube de insectos que alrededor del oído humano crea un sonido monocorde, dentro del cual se repite siempre el nombre del asesino de Gary Cooper unido a toda clase de crímenes. En medio de esta cultura resulta difícil discernir si uno vive dentro o fuera de la pantalla, aunque sin duda existe un dato para orientarse. Cuando Gary Cooper ahuyenta a los cuatreros y permanece vivo sonriendo puedes asegurar que él es una imagen. Si ves que a este héroe cualquier pícaro lo engaña y un miserable desdentado lo acuchilla en la primera secuencia sin que pase nada y él todavía pide perdón, entonces jura que ante tus ojos discurre la realidad en sí misma. En este caso, no te confíes mucho. Al finalizar la película, el asesino victorioso te seguirá por el pasillo del cine a oscuras hasta la calle y tal vez se constituya en tu sombra adondequiera que vayas. Lo descubrirás a tu lado en la barra del bar leyendo el periódico frente a una cerveza y luego se sentará detrás de ti en el autobús, pero al llegar a casa él ya te habrá precedido. Si pones el televisor, su rostro desdentado aparecerá en pantalla, mientras en el telediario están dando la noticia de que ese tipo te ha asesinado en la acera, y aunque tu imagen ensangrentada será perfectamente reconocible, tú tendrás el privilegio de creerlo o ignorarlo, según las reglas de esta cultura.

Heraldo

Cabalgando por encima de los cadáveres que había dejado el enemigo en el campo de batalla salió el heraldo a caballo en dirección a la ciudad para dar parte al tirano de que su ejército había sido derrotado. Sabía el destino que le esperaba. Cualquier mensajero que trajera malas noticias era decapitado siempre en ese reino. Durante varias jornadas cabalgó pensando en el horror que había dejado atrás. Los muertos cubrían ya todo el valle cuando él partió. No habían quedado supervivientes en las filas de los aliados, y sin duda el enemigo comenzaría a avanzar de forma irresistible por la quebrada en seguida, pero el heraldo galopaba y enfrente sólo tenía la imagen de su propia cabeza cercenada en la plaza pública, algo inevitable que iba a suceder si decía la verdad. Le fueron abiertas con gran expectación las murallas, y entre la multitud que le interrogaba a gritos por el desenlace del combate, el mensajero, con las uñas del caballo ensangrentadas, llegó en silencio hasta el palacio, donde en el salón de columnas le esperaba en pie el tirano reclamando con los ojos la noticia. Debido a la sumisión o al terror que sentía, el mensajero optó por mentir. En voz muy alta dijo que el peligro había pasado, que las tropas leales habían vencido al enemigo en una gran batalla llena de heroísmo. A estas palabras siguió una explosión de gloria, y para celebrar una victoria tan sonada, el tirano mandó que se iniciaran grandes fiestas en la ciudad, y mientras se sucedían los bailes y el vino corría, el mensajero había sido nombrado heraldo oficial del reino, el cual siguió mintiendo con noticias felices que acrecentaban el placer de aquellos súbditos. Pero el ejército enemigo estaba llegando ya sin obstáculo alguno a las puertas de la ciudad franqueada. Muy pronto, los cuchillos entraron a degüello, y al final de una algarabía de horror o de alegría, ya nunca se supo si en aquella fortaleza se había celebrado un gran banquete o una matanza. Las noticias eran confusas, ya que el heraldo había conseguido también escapar.

para dar el mensaje en otra ciudad.

Huida

Murió atropellado cuando iba del brazo de su mujer cruzando un paso de cebra. Vino un coche y se lo llevó por delante. Ella vio cómo su marido volaba por los aires y no supo decir si el golpe se había producido antes o después del frenazo, pero la mujer quedó anonadada por una visión que marcó su vida para siempre. En medio de la calzada estaba hecho un guiñapo el hombre que había compartido con ella muchos años de existencia, y ahora bajaba del coche el culpable de su muerte, un joven alto y rubio, de ojos azules, para pedirle disculpas. Pronto llegó la policía, y en seguida apareció el furgón del atestado, mientras todas las bocinas del atasco sonaban y los peatones formaban corro ante el espectáculo gratuito. Con la sábana cedida por una Verónica de la vecindad, alguien cubrió el cadáver, que aún asomaba los pies desnudos por debajo. Durante un tiempo, la mujer estuvo allí paralizada sobre el bulto ensangrentado que fue su compañero, mirando con los ojos perdidos al joven que lo había matado, y cualquiera pudo imaginar lo que en ese momento sentía. Era lógico creer que la angustia se había apoderado de su corazón o que de pronto, llena de odio, comenzaría a gritar. No lloraba. Tal vez, dentro de la tragedia, la mujer sólo estaba recordando confusamente fragmentos de su vida, algunos instantes de dicha o las largas tardes de tedio arrastradas con aquel hombre. También pudo suceder que el dolor la deslumbrara, pero ella guardó silencio hasta después del funeral. Cuando su consorte ya se encontraba a buen recaudo bajo tierra confesó su emoción a una amiga mientras ambas compartían bollos con chocolate en un bar. Desde el día del accidente no había podido dormir, no hacía sino soñar con aquel joven rubio, alto, fuerte, guapísimo, que al bajar del coche después de aplastar a su marido la había mirado con unos ojos azules imposibles de olvidar. Estaba enamorada. Se pasaba las horas esperando que sonara el teléfono. Sabía que una noche él la llamaría y juntos viajarían huyendo los dos muy lejos.

La peste equina

El caballo había conocido a la muchacha en la terraza del picadero y en ese momento del otoño ella se hallaba en su plenitud de oro con una fusta en la mano frente a un refresco de naranja y ambos se habían mirado a los ojos como hacen los seres que están destinados a devorarse. El caballo iba ya ensillado y esa misma mañana estos novísimos amantes comenzaron a salir juntos por la línea de la quebrada, más allá del campo de golf, hasta el bosque de abetos. Durante algún tiempo ese camino fue una interpretación musical: ella lo montaba y el magnífico animal llevaba a la muchacha galopando a través de una partitura de Vivaldi que formaba colinas y sotos de esmeralda donde siempre quedaba un arroyo sonando detrás. ¿Qué podía hacer aquel caballo si estaba enamorado? Relinchar bajo las estrellas escarchadas. De noche se oía su estremecida voz en el establo, la cual sólo cesaba con la salida del sol. En la oscuridad el caballo tal vez imaginaba a la muchacha cabalgando otro cuerpo en algún aljibe de la ciudad lleno de música y resplandecientes licores y eso llegaba a enloquecerlo, pero al día siguiente ella volvía y entonces el caballo piafando recibía a su novia y juntos de nuevo se perdían. Nunca se había visto una pasión semejante mientras duró. Ayer el caballo fue sacrificado. Dicen que ha sido a causa de la peste, aunque en realidad ha muerto de amor. Había comenzado a languidecer cuando desapareció la muchacha. Ella dejó de ir por el picadero sin decir nada y durante muchas noches el caballo la estuvo llamando antes de que en el establo se presentara el veterinario con una jeringa llena de veneno. Alguien había interpretado erróneamente su dolencia: no era la peste, sino la desesperación, y él aceptó su propia ejecución como la única salida. El veterinario actuó y el caballo echado sobre el heno sintió que el fuego le recorría las venas y en el último instante siguió pensando en aquella muchacha que con él iba a los sotos de esmeralda cabalgando un día y su imagen lo acompañó hasta que el veneno lo inundó por completo.

El rayo

En su día la Iglesia católica excomulgó a Benjamin Franklin porque inventó el pararrayos, ya que el relámpago era considerado una manifestación de la cólera divina, y con semejante aparato instalado en los tejados de Filadelfia en cierto modo Dios quedaba sometido. Hoy el rayo fulmina a pastores de ovejas en el monte, pero no a ministros del culto en la sacristía, gracias a que ese engendro del diablo brilla en lo alto del campanario. No existe tempestad en el cielo que pueda equipararse a la convulsión del sexo sobre la Tierra. Aquí abajo cada orgasmo también es una descarga ciega, que lleva implícitas en su interior la vida y la muerte. El sexo empuja a la humanidad a un cuerpo a cuerpo, creando así una carga magnética de deseo oscuro, cuya turbulencia, al tiempo que a todos nos hace inmortales, nos va matando uno a uno. ¿Por qué la Iglesia se alía siempre con el rayo y su ira? El potro, la hoguera, el infierno, han sido instrumentos eclesiásticos a través de la historia frente al avance de la ciencia, y ésta ha tenido que dejar atrás muchos sabios chamuscados, los cuales, no obstante, sentaron las bases para que al papa Wojtyla se le pudiera remendar el intestino después de sufrir un atentado. A este mundo hemos venido a reproducirnos felizmente y a morir, pero el impulso genésico es un río tan caudaloso que dentro de poco, si no se le ponen diques, ya habrá gente arracimada dentro de los tubos de las chimeneas. Ahora un virus diabólico se ha puesto a bailar en medio de la fiesta de la reproducción. Tal vez en cada orgasmo se halla presente, y cuando le da la gana, según su inspiración, se abate como el rayo sobre los dos enamorados en acción dejándolos amarillos. En medio de esta tormenta la Iglesia también se opone al pararrayos, que es el preservativo, y si un día perdió la batalla contra la ciencia, hoy la va a perder frente a la salud pública. El preservativo es mucho más fuerte y elástico que todos los dogmas y principios de Trento, cuando la peste genital amenaza con aniquilar de amor este planeta.

El tostador

En el fondo de su corazón todos los profetas están deseando que se cumplan las catástrofes que han vaticinado. Sucede lo mismo con los moralistas, los cuales comen caliente gracias al pecado que tratan de combatir. Los teólogos retuercen la vida hasta someterla a la estructura del dogma, y no les importa que el mundo se hunda con tal de salvar un silogismo, cuya lógica no se diferencia del orgullo. Vestidos con una piel de cabra, los profetas se excitan anunciando nuevas calamidades; los moralistas, de gris marengo, acrecientan la palidez de su rostro reflejándose en el pozo donde algunas almas habitan; los teólogos, con cuernos de oro, asientan su prestigio en el silencio de Dios o en el hecho de que nadie haya regresado nunca del otro lado de la tapia para contarnos la fiesta que allí se celebra o el horror que arde. Si alguien quiere comprar un tostador de pan, va a unos grandes almacenes y el encargado de la sección de electrodomésticos le muestra el cacharro, lo desmonta ante sus ojos, hace una demostración con él, entrega la garantía al cliente, éste lo abona en caja y allí le dan un recibo. Durante varios milenios los profetas, los moralistas y los teólogos han conseguido vender toda suerte de culpas y cataclismos en la Tierra, seguidos del infierno o el paraíso en el más allá, incluyendo al propio Dios, con menos garantía de la que cualquiera exigiría a la hora de adquirir un exprimidor de zumos, un simple tostador o un lavaplatos. Sobre un mar de mendigos verás a un pontífice faraónico predicando la ciega reproducción de la especie bajo la amenaza del fuego eterno; en todas las pantallas los nuevos profetas disfrazados de analistas seguirán presagiando más desgracias, sin acertar una sola; desde inciertas madrigueras unos seres pálidos y feroces tratarán de que te creas culpable siempre, junto al resplandor del látigo. No consientas que esta gente te venda la gloria o el castigo, la culpa y la inmortalidad sin que te haga previamente una demostración como cuando vas a comprar un tostador de pan. Pide la garantía.

Innombrable

Si la religión judeocristiana no hubiera podrido el helenismo, nosotros ahora ni siquiera llevaríamos pantalones. Tendríamos la nuca ligera sin el sagrado mordisco del Innombrable, y además aún usaríamos túnica con los genitales desconectados del cerebro bamboleando libremente dentro de ella. Tampoco habría cátedras sino catres para filosofar en posición oblicua, con un racimo de uvas colgado de la oreja y el antebrazo hundido en un bordado cojín. Echaríamos al aire sentencias profundas acerca de nada y la rivalidad se entablaría entre la belleza, sin contar con la bondad ni mucho menos con la santidad de sebo. El esperma sería el refresco predilecto batido con limones de Creta hasta conseguir el punto de nieve, la gente se frotaría el cuerpo para alcanzar una luz de topacio y el peluquín de los calvos estaría confeccionado con mirto de Samos o con pámpanos de vid de Falerno. No habría profetas ni otro género de gafes con el cráneo hervido por el fuego del desierto, especialistas del bien y del mal. Los poetas y los filósofos harían la competencia a la policía en su amor a los mancebos y nuestra existencia se vería regida por el supremo rigor de los dados. Todo lo ha podrido la religión judeocristiana, que ha convertido nuestro seso en una pestilente lámpara votiva, cuyo reguero de grasa nos baja por las venas hacia las cámaras del vientre para formar allí una charca donde se mueven oscuros reptiles que tratan de salir a la superficie a través del pecado. La historia de estos últimos años de libertad es una reyerta de frustrada dicha. Parte de la humanidad se ha desnudado por completo, ha adorado al sol, ha descubierto el lado fisiológico del deseo, ha fabricado papel higiénico con los libros de Isaías o Ezequiel. Los hombres van a la caza de vaginas, las mujeres también tienen en casa un ábaco para contabilizar sus capturas. Parece que el paganismo ha vuelto, pero la moral ha abandonado el confesionario y se ha refugiado en las comisarías. Nuestra nuca aún está mordida por el Innombrable. Su señal es la marca de fábrica.

y este texto también parece un pestilente alegato de un profeta.

La rosa

Por muy miserable que te sientas, eres tú quien inicia el movimiento de todos los astros cada día en el instante en que te despiertas. Alrededor de tu hígado gira el universo, puesto que Dios te ha condenado a ser el rey de la creación. Hoy el lechero ha dejado una botella junto al felpudo al amanecer, luego llegó el periódico por debajo de la puerta, vino después el pan para las tostadas y la casa ya olía a café; entonces abriste los ojos y el mundo comenzó a rodar. El sol se hallaba en tu reja y desde allí partió a dar su parábola por el universo, dejando una orquesta de pájaros en el tejado y ésta sonaba en tu honor. En el cuarto de baño, la radio hablaba de esa peste genital que va a coronar el fin de este milenio. También la prensa traía noticias de varios asesinatos de asfalto y declaraciones de políticos, mientras tomabas el desayuno. Te esperaba fuera una nueva jornada de lucha por la nada, pero en el alféizar de la ventana había una rosa rediviva cuando tú saliste hacia el despacho. Allí firmaste algunas trampas, recibiste a tres nipones, hablaste con Nueva York y durante la comida de negocios con varios delegados hiciste comentarios anodinos sobre la Bolsa, el sida, la crisis de Gobierno, el terrorismo y el análisis de sangre que te ha mandado el médico porque te han salido unas manchas misteriosas en la espalda. Así una y otra vez a lo largo de tantos años. Llevas una vida aburrida y perentoria, pero alrededor de esa mediocridad dan vueltas las esferas, ya que estás condenado a ser el rey de la creación, y cuando despiertas cada mañana tu conciencia pone en movimiento al universo entero. El sol nace para iluminarte, los pájaros cantan sólo para ti, los crímenes se cometen para que tú los leas en los periódicos, los políticos hablan para que tú los creas, los japoneses acuden a tu despacho para que juegues a firmar cosas, cierto virus ha anidado en tu espalda para que finalmente mueras. Nada existe mientras atraviesas el sueño. Sólo la rosa del alféizar, ajena a ti mismo, resplandece en la oscuridad de la noche con una existencia propia.

Almohada

Durante el insomnio navego la noche con la cabeza a bordo de una almohada de plumas. De un lado esta almohada es la templada mejilla de la infancia y de otro parece el ala pálida de la muerte, aunque siempre se me ofrece como un salvavidas para el naufragio al final de cada jornada. No correré el peligro de decir que es mi amante si la abrazo. En las tinieblas, confundida con el cerebro, hay momentos en que se ilumina y entonces dentro de ella veo hondas batallas, figuras de sombra, todo el fragor del día que ya ha pasado. Yo era un niño feliz cuando buscaba nidos en los limoneros y sin duda seré un agonizante lívido, de cartílagos transparentes, una tarde de otoño. Ahora mi cráneo separa esas dos curvas almidonadas de la vida y en medio de la almohada, hundidas por el peso de la memoria y del deseo, están los placeres y las miserias que diariamente me conmueven. Su interior sólo contiene plumas de cisne, pero yo allí descubro ciudades con palmeras que he visitado, leo fragmentos de Horacio en versos de oro, diviso héroes de mármol orlados con un baile de navajas alrededor del plinto. No obstante, la oscuridad es larga. Antes de que amanezca en esa fragua también se queman seres mediocres que rodean mi existencia vulgar. Desfilan mujeres de socialistas vestidas a broquel con faldas de cuero, filósofos idealistas que juegan a la Bolsa, rufianes que acuchillan a un prójimo porque no lleva tabaco, políticos contratistas metidos en negocios, tratantes de ganado que asisten a mesas redondas sobre metafísica, mientras en una ruleta la bola gira hasta posarse con dulzura en el verde cubil del cero. Vuelvo la cara hacia una parte de la almohada y me hundo en la infancia. Luego busco el otro extremo deseando el sueño en la madrugada y encuentro la sonrisa de una máscara de cera. Exploro las tinieblas de la habitación. Bajo mi pescuezo macerado por el insomnio un senador besa a una adolescente, el presidente del Gobierno abraza a un banquero y un sindicalista se mata por ser guapo. La almohada aún brilla.

Inventario

Una mecedora blanca, algunas diosas de escayola en el jardín, las paredes de la terraza pintadas con cal, una parra de sombra amorosa, libélulas y campanillas moradas en la alberca, las persianas verdes, cortinas que inflan la brisa durante la siesta, sonido de una mosca vibrando en la penumbra, el Mediterráneo en la ventana. El viejo arcón despide un perfume de ropa almidonada y en el mármol del aparador hay un botijo de agua fresca. Una camisa de hilo, un sombrero de paja, unas sandalias grecolatinas, el pantalón impregnado de salitre, la piel quemada. Nada existe más hermoso que habitar una aseada pobreza junto al mar, olvidado de todos, habiéndolo olvidado todo. Escuchar las olas de púrpura que resuenan en torno a la quilla cuando uno navega al atardecer y contemplar las velas ligeras que se confunden con la imaginación o el pensamiento. Crepúsculos en el malecón, marineros semejantes a Telémaco, ninfas de rubias trenzas tan bellas como una deidad vestidas de lino y adornadas con collares de frutas, aroma de brea en el puerto de pescadores, gritos de hembra so-

unas mujeres vestidas de negro.

lariega en el mercado de verduras, cuentas de Pitágoras en la lonja alrededor de las cajas de langostinos. Todos los barrancos de este litoral son deslumbrantes, abren un ojo azul al Mediterráneo, están llenos de espliego y alacranes, pero en los huertos también cantan las acequias. ¿Es necesario creer en Dios cuando en esta tierra se dan habas tan tiernas, lechugas con el corazón de nieve, alcachofas parecidas al cetro de Agamenón, tomates dulces como la sangre de una doncella? Se trata de huir detrás de un sueño para encontrar una mecedora blanca y balancearse en ella bajo una parra, junto al mar, hasta que las ideas sean idénticas a la luz que en cada momento percuta tu cabeza. Dejar pasar las horas, desechar cualquier ambición, vivir el sol en medio de una elegante austeridad, tomar aceite de oliva, andar descalzo sobre la sal, navegar en aguas de dulzura y no desear nada sino amigos y ensaladas de apio. He aquí el inventario de mi fe.

Álbum

Ese amigo de la infancia que jugaba contigo a la orilla del mar ha perdido el nombre. Era un niño flaco, quemado por el sol, hijo de un pescador. Al fondo se ven barcas varadas en la arena y tú en la fotografía estás con él pescando cangrejos entre las rocas del farallón en una cala deshabitada. Ibais siempre juntos, desnudos pisando la sal de aquellos días claros de la niñez, pero ese camarada de los primeros veranos, que te servía de escudero, desapareció muy pronto y hoy ignoras cómo se llamaba aunque él entonces habría dado la vida por ti. En otra página del álbum de retratos eres un adolescente en una mañana de otoño en el parque con un libro en la mano, entre dos compañeros de colegio que también sonríen. Uno de ellos se mató con la motocicleta, el otro ha llegado a subsecretario. Los tres descubristeis el amor en la misma promoción en medio de aquella bandada de niñas del Loreto que iban con rebeca y falda plisada abrazando el cartapacio escolar contra los incipientes senos. Después apareces vestido de soldado con un rifle en un barracón de verbena en compañía de un colega de armas que te pasa el brazo por el hombro soltando una carcajada. ¿Qué habrá sido de él? Le gustaba mucho Sartre y tal vez ahora es dueño de una serrería. La tarde huele a paja quemada y los murciélagos bailan dentro de un vapor de oro mientras tú vas pasando las hojas de un álbum cuyas imágenes son humo de la memoria. En él hay múltiples figuras evanescentes que un día quedaron atrás, si bien esos seres te regalaron por un momento parte de su alma sin pedirte nada. La marea los ha arrastrado a distintas playas, ninguno ha cumplido sus sueños, pero cada uno de ellos se cruzó en tu vida por azar y durante un tiempo te acompañó en la travesía de los placeres y las desdichas. Al cerrar el álbum de fotos piensas que todos los amigos que has tenido son el mismo. Su rostro está dentro de ti desde la infancia. Es aquel niño sin nombre que jugaba contigo en la orilla del mar. A través de la existencia no has hecho sino reflejarte en sus ojos.

Teología

La teología es un modo de hilar. Una puntada conduce a otra y así bajo el silencio de las esferas los teólogos van tejiendo a un Dios con cenefas, dogmas, grecas y silogismos. Con esta fina labor de la mente también se puede realizar un jeroglífico sobre un tapiz o bordar el enigma de cualquier deidad en un almohadón mientras nuestro mundo se hunde. Un buen teólogo es aquel que sigue haciendo teología aun después de haber llegado a la certeza de que Dios no existe. Sin duda, Ratzinger es un buen teólogo, un artista con la aguja. Este hombre acaba de decir que los cristianos deberían pensar menos en la justicia social y más en la resurrección de la carne. Razón no le falta, pero creo que antes de resucitar habría que tomar algo. ¿Qué le parece un pincho de tortilla? No está de moda la resurrección y tampoco se lleva ser pobre. Ahora la última novedad consiste en llegar completamente agotado a la sepultura después de haber convertido la existencia en una feria del juguete. Ser guapo, acuchillarse, atracar un banco, vestirse de malva, seducir a las máquinas, pilotar como un bólido el propio cuerpo para recibir todos los placeres vertiginosamente por cada uno de los orificios que tiene nuestra carne y al final de esta ráfaga vislumbrar una lápida y aplastar contra ella el carné de identidad con un golpe mortal: así se baila hoy el mambo. La gente cae rendida en la fosa y luego le da una enorme pereza resucitar. ¿Qué podría depararnos la otra vida? Con hilo de plata los teólogos sobre nuestra ignorancia han enhebrado a un Dios omnipotente que va a ofrecernos como premio sólo la necesidad de contemplarlo durante toda la eternidad. Aunque este espectáculo se amenice con una degustación de pasteles variados mientras suena infinitamente el *Bolero* de Ravel no habrá santo que resista el tedio. La gente prefiere hacer el pavo en una discoteca aquí en la Tierra y pedir un helado de fresa antes del viático. Los elegantes están dispuestos a cambiar la inmortalidad por una corbata italiana. Ésa es la nueva teología.

Ambulancia

Frente al portal de la mansión donde vive el banquero esperaba la ambulancia a las nueve de la mañana. La ciudad estaba totalmente colapsada y las emisoras de radio seguían pronosticando el caos para el resto de los días. Con zapatos de tafilete, traje azul y la mandíbula recién bruñida, el banquero bajó de su aposento y en el zaguán fue recibido por dos enfermeros con bata blanca que no eran sino el mecánico de toda la vida y el secretario particular. Con las reverencias de costumbre, estos servidores abrieron la trasera de la ambulancia, el banquero se introdujo en ella a gatas, tumbóse impávido en la camilla y el vehículo arrancó en dirección al despacho del banco, situado en el centro de la capital. El atasco general se presentó al doblar la primera esquina. El mecánico disfrazado de celador puso en marcha la sirena, la cual comenzó a ulular exigiendo el paso. Ante semejante estrépito, los coches bloqueados se hacían trabajosamente a un lado, los guardias le franqueaban todos los cruces y, tragándose semáforos rojos, a través de la inmensa barricada del tráfico volaba la ambulancia y en su interior iba el banquero tumbado en la camilla fumando el primer puro de la jornada. Desde el mes pasado, toda la ciudad se hallaba paralizada por el nudo definitivo que se había formado en la circulación, y los expertos afirmaban que ese colapso duraría algunos años, tal vez hasta el final del milenio o aún más. En este momento sonaban otras sirenas, destellaban ráfagas amarillas los capós de otras ambulancias. En ellas viajaban otros potentados con una flor en el ojal, echados en las parihuelas, y no todos se dirigían al trabajo. Muchos comerciantes adinerados, prohombres de la política o hijos de papá también utilizaban la ambulancia sólo para tomar una copa en su bar preferido, pero este banquero que salió de su mansión a las nueve de la mañana era más consecuente. Había montado su despacho en la novena planta de un hospital y ahora su ambulancia le acababa de dejar en la sala de urgencias, después de haber atravesado el caos de la ciudad.

Pantera

El sol, apenas amanecido, iluminó el desayuno de la pantera. En la llanura había hermosas criaturas que eran bien gratas al paladar: gacelas de color miel, gamuzas muy tiernas, corzas de lustrosa culata. Entre esa variedad de manjares, un joven antílope fue elegido con toda naturalidad para ser devorado, y Vivaldi pudo haber extraído un delicado fragmento musical describiendo esta breve cacería. La pantera trazó un ángulo agudo en el aire sobre la extensión de los helechos, y esto produjo una estampida en los diversos rebaños, quedando en medio de la confusión la víctima aislada. Al instante, se inició la persecución en aquella mañana de oro. La pantera y el antílope, que parecían retozar, lanzaron sus musculaturas por la llanura en una especie de vuelo rematado siempre por distintos quiebros llenos de armonía, pero el antílope sabía que iba a morir y corría con lágrimas en los ojos. Todo eso sucedía bajo el silencio de una alta y desconocida deidad que presidía el firmamento. La crueldad de la pantera generaba una gran belleza en sus movimientos; la elegancia del antílope se derivaba de su propio pánico. En esta llanura tan ancha como el mundo había otras criaturas —insectos, saurios, canes silvestres, monos y seres humanos— que también mataban y morían, pero ninguna de ellas ejercía ese rito ejecutando una danza tan pura. Mientras la pantera y el antílope cerraban con sus cuerpos unas ráfagas cada vez más ceñidas en torno a la muerte, nadie hubiera podido negar que en la llanura cantaban los pájaros, se acariciaban otras fieras entre las flores y exhalaba el horizonte un vapor vegetal donde los íntimos matices celestes se expresaban. Hubo un momento en que el antílope aceptó el sacrificio. Dejó de correr y miró hacia arriba de forma indefinida y llorando, y pronto se sintió penetrado por el fulgor de la geometría. Con alta precisión una garra de la pantera halló su yugular, y así finalizó aquella representación. Todo eso sucedía bajo la sonrisa de una desconocida deidad cuyas sandalias estaban teñidas con la sangre de otros antílopes.

Arcano

La catedral gótica nunca fue inaugurada. Está cubierta todavía por el andamio primitivo y a través de la trama de las vigas se ve su fábrica, carbonizada ya por el tiempo, y en ella, como en una fragua, arde la luz del rosetón, brillan las mitras doradas de los santos. El andamio envuelve las torres hasta el final de sus agujas labradas y también se extiende a lo largo de sus muros laterales formando una telaraña en torno a los arbotantes y contrafuertes, entre los cuales se halla dispuesto en formación un terrible ejército de gárgolas, quimeras, toros alados, esfinges, gorgonas y arpías de piedra cuya misión consiste en defender el espacio interior de esa catedral. A simple vista parece un trabajo de restauración. Pero no es así. Agitándose por los tingladillos de semejante bastión trepan pelotones de creyentes armados con cuchillos, ya que en las paredes, aleros, puertas y cresterías de esa catedral se está librando una sangrienta batalla desde el mismo día de su fundación. Han pasado varios siglos. Nadie ha conseguido penetrar aún en ese recinto sagrado, puesto que lo guardan los monstruos más feroces y la lucha continúa hoy de forma encarnizada. Cualquiera puede presenciar las ráfagas que las fieras describen con sus garras en lo alto de las torres. A veces un creyente cae al vacío con el puñal abandonado en el aire y una quimera con cabeza de león, cuerpo de cabra y cola de reptil sigue arrojando fuego por la boca. Los basiliscos y las hidras de Lerna han establecido la retaguardia en las hornacinas de la fachada para preservar la entrada principal, y, a su vez, las arpías, con vuelo rápido, lanzan sus picos contra el pescuezo de los fieles que ascienden por los sillares herméticos. Mucha sangre se ha derramado sobre estos muros. Han muerto muchos dragones, esfinges, gorgonas, toros alados y guerreros fanáticos. Éstos se han renovado siempre, pero ninguno ha logrado transgredir todavía esa fortaleza espiritual en cuyo interior no hay nada. Sin duda habrá que esperar otros mil años de sangre para que las puertas se abran.

Delfines

Por fortuna, el Mediterráneo permanece a salvo dentro de ti con toda su pureza gracias a que ese mar no ha existido nunca. Sus aguas tan claras sólo eran el fondo azul de tu memoria, y allí los delfines saltaban jugando bajo el cielo de Pitágoras. Como una aspiración de belleza, ese mar aún te bate el corazón. No llores por él. Si alguien llega diciendo que en aquel espacio luminoso de la infancia flotan hoy las carpas con la tripa inflada de petróleo, no lo creas; ni admitas tampoco que por allí ahora navegan pestilentes buques de guerra atravesando el detritus. Cuando aceptes esa desolación, también tú habrás muerto. Debes esgrimir todavía el Mediterráneo como un panfleto de la dicha que viviste, y mientras no encuentres la forma de luchar contra la muerte, será maravilloso utilizar como arma el sueño que hacía transparente el abismo. Puedes pensar en aquella vela latina que estaba plegada entre bolas de alcanfor en el cajón de la cómoda, donde la había guardado tu madre antes de morir. Puedes imaginar que esa tela blanca tan fina como una camisa de batista fue la única herencia que recibiste, y siendo un adolescente desnudo la izaste una mañana en el palo del laúd con los amigos cuyas risas aún suenan en el farallón. Llevabas víveres a bordo: unos salazones y el primer aguardiente. En aquella travesía descubriste el amor, una mano femenina sobre unos testículos de mármol, y la voz que decía versos de Píndaro, y descubriste igualmente algunos monstruos sumergidos que aún perduran en un cofre. Niégate a creer que los delfines están muriendo. El Mediterráneo es una categoría de la mente, y dentro de ella delfines azules seguirán saltando mientras mantengas muy limpias tus entrañas. El resto significa la miseria de cada día. Tal vez por un mar ya venenoso, apartando con la quilla peces inflados de petróleo, navegan las máquinas de la muerte, pero todo será aún tan hermoso como en los días claros de la infancia si no dejas que en tu interior el Mediterráneo se evapore o que alguien te lo arrebate.

El retablo

Con los restos del retablo barroco el anarquista se había construido un gallinero en la azotea. Durante toda la noche ardieron en la plaza del pueblo las imágenes del templo en una pira que acrecentaba aún más el bochorno de aquel verano de 1936, y dentro del resplandor de las llamas avivadas por las blasfemias se consumieron los santos, el Crucificado y todas las vírgenes, pero el retablo del altar mayor con las hornacinas vacías había quedado en pie hasta que entraron en acción las hachas de los jornaleros. Las columnas salomónicas, el frontón lleno de nubes y ángeles, fueron derribados sobre las gradas del presbiterio, y de ese derribo quisieron hacer leña policromada los gañanes más concienciados para guisar una paella. El anarquista amaba el arte. Entre aquella gente sin ley era el único que sabía apreciar el patrimonio de la Iglesia, y en medio del gran festival revolucionario supo rescatar para sí la mayor parte de las antiguas maderas labradas del templo, que eran de cerezo pulido con pan de oro, y cargándolas en una carreta tirada por su mula *Clavellina* las llevó a casa para levantar un gallinero que también incluía el ara del altar, la cual le sirvió de banco para apilar los sacos de salvado. De las hornacinas hizo ponederos. Con las cuatro columnas salomónicas rematadas por el frontón de nubes y ángeles armó sobre la acrópolis de la azotea un tinglado a modo de partenón cuyos destellos dorados se veían desde alta mar, y con esa luz cegadora corregían su rumbo los navíos. Conejos y toda clase de aves de corral habitaron el retablo barroco mientras los españoles se mataban como hermanos. Durante tres años de guerra civil el gallo cantó de madrugada en lo alto del capitel anunciando el reino de la anarquía hasta que un tabor de la Legión entró en el pueblo y lo puso en pepitoria. El anarquista también fue ejecutado. El retablo volvió a la iglesia cubierto de excrementos, pero el tallista que lo restauró, como era liberal, labró en el tímpano una orla de huevos de oro en recuerdo. Y así se conserva ahora.

Zapatos

Cada par de zapatos tiene ya su trayecto marcado desde que sale de fábrica: en algún punto invisible de su alma lleva un programa con todo el camino que ha de recorrer hasta terminar en un basurero al final de su viaje. Tal es la fuerza de esa fatalidad que uno nada puede hacer cuando mete los pies en unos zapatos nuevos: ellos comienzan a andar y, guiados por su destino, conducen al usuario hacia el bien o hacia el mal, según un azar que está previamente determinado en las suelas. De la suma de todo el calzado que un individuo guarda en el armario se deriva la variedad de su conducta, y también la incertidumbre de todos los itinerarios que definen la existencia humana. Bajo la inspiración de los propios zapatos, la gente camina. Unos tienen muy marcada la tendencia al abismo, otros realizan siempre el mismo circuito obsesivo que es el laberinto de cada día desde casa a la oficina; algunos zapatos te llevan al lugar del crimen una y otra vez, y hay modelos que obligan a su dueño a pisar las moquetas de los altos salones, pero todos están sometidos a la ley de la gravedad, y sólo por eso no podemos volar. Unas zapatillas concretas ganarían los 100 metros libres, aunque no llevaran un atleta dentro; ciertas botas aplastarán por sí mismas la cabeza de los vencidos y luego desfilarán solas por la avenida de la victoria sin ejército alguno; infinitas sandalias son capaces de engendrar encima de ellas una legión de profetas, y unas sagradas pantuflas con brocados pueden desarrollarse hasta formar un Papa. Únicamente descalzos durante el sueño, las personas son libres, pero cada mañana al pie de la cama todos los zapatos del mundo esperan a que el sueño acabe. El cuerpo humano se introduce en ellos, y entonces la energía que los zapatos reciben desde el fondo de la Tierra pone en acción la maquinaria de la sociedad. Nadie sabe a qué lugar le pueden llevar los zapatos ese día, a qué gloria, a qué crimen, a qué antro. Adondequiera que vayan, tú no tendrás la culpa de nada, ya que no habrás hecho sino seguirlos.

Masaje

Esta sala de masajes se compone de ocho cabinas individuales que están siempre en penumbra. Suelen ser ejecutivos, empresarios y financieros los que acuden a este establecimiento donde también hay saunas y baños de vapor. Cuando el masajista entró en la cabina número 3, ya estaba allí el cliente tumbado boca arriba en la camilla, desnudo con una toalla en las ingles, y, después de saludarlo amablemente, el masajista comenzó a realizar su trabajo. Depositó un fluido mentolado en el pecho de aquel hombre y se puso a frotar cada uno de sus músculos según la práctica consabida. El tipo tenía un cuerpo maduro; se había cubierto el rostro con un paño húmedo y permanecía inmóvil, tal vez dormido de placer, respirando. El masajista siguió fregando aquel cuerpo y de pronto notó que la piel soltaba una grasa terrosa debajo de la cual había una materia muy dura. Insistió. Ahora había comenzado a sentir en la palma de la mano el volumen de una cicatriz que desde la altura del esternón bajaba hacia el vientre formando cenefas y jeroglíficos, pero el masajista

en realidad se trataba de una joven masajista muy bella.

tentó con las yemas aquella costura hasta descubrir finalmente que no se trataba de una cicatriz sino de una inscripción grabada en bajorrelieve, aunque la penumbra de la cabina le impedía leerla. El cliente dormía echando a veces pequeños gemidos de gusto. Como un arqueólogo que limpia una lápida desenterrada, el masajista fue quitando pequeños grumos de grasa con el líquido mentolado y cuando sus ojos se hicieron por completo a la oscuridad pudo leer aquello que el cuerpo desnudo llevaba inscrito en el primer estrato de su carne. Decía así: «In memoriam. Joseph V. Mayer. Nacido el 2 de abril de 1934. Muerto el 23 de febrero de 1992. El fuego por fin ha alcanzado a la ceniza. Descanse en paz». El masajista no pudo evitar un escalofrío de terror, aunque se repuso en seguida al comprobar que el cliente respiraba con normalidad, pero no se atrevió a levantar el paño que cubría su rostro y en silencio abandonó la cabina.

Anónimo

He dejado la casa cerrada y los membrillos maduros en el jardín colgando. Bajo la lluvia de otoño, unos cargadores con terribles manos se fueron llevando muebles, libros y lámparas, hasta quedar las paredes deshabitadas, y a medida que los enseres familiares desaparecían las voces se iban haciendo más huecas en aquel ámbito donde había vivido tanto tiempo. Permanecían allí muchas risas, muchos llantos ahogados todavía; con las alfombras también se levantaron todas las pisadas de los amigos y al final se apagaron por completo los ladridos de los perros. Mientras en los canalones sonaba el aguacero, emergían del cuarto trastero muchos objetos olvidados, viejos juguetes de los niños, cartas mohosas que no había contestado, la caja de música con una bailarina de seda que rememoraba una edad perdida, la medicina que tomó el último moribundo y sus lentes desaparecidos. Sobre las hojas doradas de los prunos, los cargadores sacaban a la calle con cestos hasta el furgón cada uno de los pequeños cadáveres de la memoria tapados con mantas, y bajo la lluvia abandoné esa casa para siempre, pero después de unos días, que tal vez han sido infinitos años, he vuelto a esa misma casa para recoger la correspondencia y los membrillos maduros. Estaba toda en penumbra y el aire ya había comenzado a oler a cerrado. Me puse a leer las cartas de los bancos sentado en la escalera a la luz de la claraboya y de pronto descubrí que había un sobre muy gastado entre el correo acumulado. Era una carta extraviada durante mucho tiempo que había llegado cuando ya nadie vivía allí. Al abrir el papel supe que se trataba de un anónimo. Alguien había escrito en sanguina con letra nerviosa la amenaza concreta de que me iba a asesinar sin dudarlo en absoluto. El matasellos traía la fecha de abril de 1984. Miré alrededor y vi las habitaciones vacías, las paredes a oscuras; oía la misma lluvia antigua que no cesaba. Todavía dudo si esa sentencia no se ha cumplido y estoy muerto ahora con un membrillo en la mano.

El membrillo lleno de luz y yo, corrompido.

El cero

El paraíso es el cero: una burbuja de aire que recorre la línea del diafragma por debajo de la ansiedad del corazón. Cuando el cero se detiene en el centro exacto de la plomada sobre la boca del estómago, la armonía se instala alrededor, la ansiedad deja de cabalgar. Entonces el cuerpo y la mente están en un mismo plano que se va alargando hasta perderse en la naturaleza, y muy pronto el iniciado, con una sonrisa de arroz con leche en los labios, comienza a escuchar en el horizonte un sonido de monos, prerrogativa de los seres felices. Mientras todo el mundo va hoy con una bolsa de basura en la mano buscando en la vida de los demás un vertedero donde echarla, es una suerte tener un cero en mitad del diafragma para absorber la miseria que a uno le rodea. Sólo los sabios consiguen que toda la luz del día traspase ese sumidero como un diamante, y algunos a ese duro destello lo llaman inteligencia, cuya primera virtud consiste en atraer las partículas negativas, los elementos infames, hasta fundirlos en el vacío con la luz. La gente en la calle no hace sino intercambiarse bolsas con los propios desperdicios: te cuentan un nuevo escándalo del Gobierno, otro desfalco en las finanzas, una operación de próstata, una muerte inesperada, una quiebra económica, cualquier peligro inminente. Siempre hay alguien que te para en la esquina o te asalta en el bar sólo para revelarte su desgracia. En seguida percibes que el otro se aligera de la carga, la deposita dentro de ti y, convertido en un basurero psíquico lleno de desechos, sigues tu camino sin lograr transferírselos a nadie. Fácilmente puedes morir envenenado, ya que la mente no tiene capacidad para neutralizar tantos males, pero si el cero se halla bien equilibrado en la boca de tu estómago, por su interior van pasando los despojos de la vida hasta ser aniquilados por el vacío sin que tu mente se altere. Ese cero es el paraíso, aunque tal armonía no carece de peligro, porque estar contento, parecer feliz, sonreír con una dulzura de arroz con leche, es hoy lo más corrosivo.

Y alguien se puede matar por no estar muerto.

Galaxia

La Vía Láctea es nuestra galaxia. En ella arden 150.000 millones de estrellas aún más potentes que el Sol. La galaxia vecina se llama Andrómeda, de la cual nos separa una distancia de dos millones de años luz. Andrómeda tiene 200.000 millones de estrellas también en llamas. Hasta ahora los astrónomos han captado 100.000 millones de galaxias agrupadas en colonias, pero eso sólo es un pequeño barrio, puesto que la mayor parte del universo, sumida en un agujero negro, está fuera del alcance de los telescopios. El universo continúa su marcha y, en vista del caso, hoy he cenado unas acelgas rehogadas con jamón y después he sacado a pasear al perro a la luz de la luna, que es un pedrusco de nada. Mientras el animal husmeaba algunos desperdicios en la calle, he mirado el firmamento bajo la noche estrellada. Había una belleza inmarcesible allí arriba: jinetes de álgebra, carros de fuego, caballos de música. Unas gotas de leche caídas del seno de la diosa Juno cuando amamantaba a Hércules han trazado el camino de las constelaciones. Yo me hallaba en una acera perdida, al pie de una farola, junto a una bolsa de basura que contenía residuos de pollo, algunas jeringuillas, hojas de lechuga y de periódico, medio cráneo con sesos de cordero y un espejo roto donde aquellos astros se reflejaban. No sabía qué pensar. En ese momento la Vía Láctea me subyugaba y la bolsa de basura me atraía. Sin duda había un número infinito de esferas ardiendo en lo alto, pero en ellas no palpitaba un solo deseo; en cambio, este saco de despojos estaba lleno de pasiones. En un papel sucio aún podía leer a la luz de la luna el relato de una joven violada; aquellas jeringuillas aparecían rematadas por un cuajarón de sangre que fue extraído del placer; la imagen de un héroe político había servido para envolver mollejas podridas. A través del espejo roto las constelaciones se introducían en ese mundo. Y de pronto descubrí que aquel cubo de basura era el centro de otro universo. Millones de estrellas giraban alrededor de unos cuellos de pollo y mi perro ladraba.

Ladraba a un teniente general que había sacado a pasear a otro perro.

Estilo

El problema consiste en saber si las cosas existieron antes de ser pronunciadas. En principio era el verbo. Según esta teoría, Adán fue un mono estilista que iba creando seres de cualquier clase a su alrededor con sólo nombrarlos por primera vez. En el silencio de la edad cuaternaria comenzó a desarrollarse el oscuro bosque de las palabras, y el soplo de cada una de ellas formó un viento poderoso que extrajo de la niebla el perfil de las fieras, de los ángeles, de las vasijas, de las monedas, de los hexámetros dormidos. Sirviéndose de la voz como de un hacha, el mono estilista se abrió paso a través de la confusión del Paraíso en busca de una manzana de oro, y en el trayecto fue emitiendo gruñidos de placer que con el tiempo se transformaron en ideas, y éstas habitaron después en el interior de los sonidos para siempre. El Este del Edén no era sino una biblioteca pública donde estaban codificados todos los fonemas posibles: los que hasta entonces se habían pronunciado y los que aún no había concebido el deseo. Cuando Caín llegó allí pudo leer a la sombra del pórtico la narración de su propio crimen, que alguien había escrito en una tablilla de barro. En aquellos anaqueles se hallaba también grabado con un punzón, entre las últimas novedades, el pensamiento de amor que tú poseerás mañana. El problema consiste en saber si las cosas existieron antes de ser realizadas. En principio era la acción. Según esta teoría, Adán fue un mono que desarrolló el dedo pulgar en forma de tenaza, y esto un día le permitió agarrar un palo por primera vez e iniciar la Historia. El juego de la mano engendró la ley de la causalidad, y ésta alimentó el cerebro hasta engordarlo como un bulbo atroz. En sus galerías secretas se fueron acumulando la experiencia de los actos y los resortes de la voluntad. Acto, materia, sustancia: ejecutar equivale a matar. Verbo, hálito, viento: hablar significa expirar o morir. El palo que aquel mono esgrimió se ha convertido en el bastón de mando. En cambio, la palabra que pronunció por primera vez hoy aún carece de significado.

Manantial

Ahora que el mundo se acaba, todas las fuentes del Mediterráneo han comenzado a manar. Después de unos aguaceros muy tenaces, en este litoral han brotado manantiales que estaban cegados desde la Edad Media. Muchos eran desconocidos; unos llevaban nombres de vírgenes remotas; en otros habían abrevado los anacoretas o los caballos de Mahoma, y en todos ellos antiguamente danzaron las ninfas. Éstas han regresado ahora vestidas de amianto. El agua se inició en septiembre como una maldición, sin ninguna rogativa. Los hechiceros de nuestra Iglesia son todos de secano, y sólo saben conjuros para traer la lluvia, no para detenerla. Por eso los labradores de esta tierra tuvieron que blasfemar mucho tratando de que acabara de una vez, pero las blasfemias más acreditadas tampoco servían de nada, puesto que las borrascas habían equivocado el camino. Las caravanas celestes que acarrean el agua boreal habían penetrado en la jurisdicción de Zeus, dios del esparto. Los aguaceros comenzaron en septiembre, y primero se llevaron por deslumbrados barrancos los alacranes

Esta es la otra faz de nuestra sequía.

al mar, luego los conejos de monte se hicieron anfibios y, al final del otoño, muchos ciudadanos ya tenían cara de congrio, y mientras al cielo subían las imprecaciones, el cielo respondía con más agua, y ésta iba llenando las vísceras más íntimas de la naturaleza, las más paganas. En el litoral mediterráneo han nacido de nuevo fuentes cegadas que en un tiempo fueron griegas o latinas. También han aparecido ignorados manantiales cristianos o mahometanos en lugares inverosímiles: entre los panteones de los cementerios, en los sótanos de algunos prostíbulos, al pie de los altares. Cada corriente ha buscado su cauce antiguo como a una madre, y ésta pasaba por debajo de la Historia y de los armarios. Pero esta lluvia también ha inaugurado fuentes nuevas ahora que el mundo se acaba. Serán éstos los manantiales del milenio, aguas sulfurosas donde ningún profeta volverá a bautizar a nadie. Dentro de ellas sólo volverán a bailar ahora ninfas de amianto.

En 30 años

Del marxismo militante pasaron al erotismo ibicenco; de ir desnudos bajo las higueras maternales de los barrancos los progresistas derivaron hacia la gastronomía, y ésta los llevó desde la cocina natural al esoterismo: en las mesas de novedades de las librerías el espacio de Marx lo ocupa ahora la astrología. Después de analizar con el paladar un vino de determinada cosecha comenzaron a hablar de vibraciones, de ondas magnéticas y de puntos de energía que se concentran en ciertos lugares del planeta, y en su momento algunos peregrinaron a esas fuentes llevando dentro del macuto a un hijo que creció destraumatizado y éste ahora acaba de convertir en abuelos a toda aquella promoción de rojos desencantados, los cuales mientras el Este se venía abajo ya habían sustituido la fuerza de Marx por el sortilegio de un brazalete de cobre que al menos les ha quitado el reúma. Fueron envejeciendo, se afeitaron la barba encanecida y de esta forma algunos aún llegaron a alcanzar el baile de las finanzas. Pusieron de moda ser ricos, cambiaron de pareja y el calvinismo del dinero les arrojó en brazos de un BMW, pero los domingos ellos van a comprar el periódico en chándal. Han llegado tarde a la ecología ya que sólo les preocupa el deterioro de su propio cuerpo. Haciendo pedales en la bicicleta contemplan desde lo alto del sillín el fin del mundo, el panorama de esta crisis que es la suya: el peligro nuclear antes venía del Este de forma hipotética dentro de los misiles; con el derrumbe del sistema comunista ahora llega de modo real envuelto en nubes radiactivas que emergen de la chatarra de unas centrales nucleares que se construyeron con serrucho y martillo. Por debajo de esas nubes, a ras del suelo, avanza hacia el corazón de Europa un ejército de mendigos. El terror es un paisaje. Y los viejos progresistas ya no piensan en el porvenir de la humanidad entera. Sólo temen lo que le pueda pasar a su nieto. Por eso le acaban de comprar la medalla de una virgen muy milagrosa para que le dé suerte en la vida.

Felipones

Mientras muchos tontos con Rolex de oro bailaban sevillanas con cara de falso cabreo, en este país ha ido madurando una generación de jóvenes con cuatro filas de dientes en el paladar y una aleta de tiburón bajo la chaqueta de Yusti. Se llaman felipones. Son esos tipos que han triunfado en la vida con el PSOE revendiendo un chaflán o arreando sartenazos en la Bolsa y ahora van por ahí en BMW exhibiendo una chota cuyos muslos le llegan hasta el salpicadero de limoncillo. Pero el sexo no les interesa nada. Aunque usan pijamas con dibujos eróticos y toman píldoras tailandesas, les excita mucho más el índice Dow Jones, los solares del área metropolitana, los eurobonos y el dinero negro. Para ellos, copular significa comprar, y a la hora de acostarse con alguien prefieren hacerlo con un concejal corrupto del grupo mixto. Por eso utilizan un doble fondo en la bragueta para llevar los cheques bancarios que abren el mundo cada mañana. Estos felipones parecen frágiles e incluso dulces, y no obstante te pueden matar y después pedir un zumo de zanahoria. Llevan cuellos de pajarita y hombreras sin guata, siguen el régimen de melocotón con yogur y no fuman, pero se lavan la boca sin quitarse la navaja que lucen entre los dientes. Los felipones se despiertan con las noticias financieras de Japón. Bostezan y se rascan la espalda mirando la nevera abierta llena de bienes; por una autopista colapsada llegan a la ciudad desde la colonia de chalés adosados deglutiendo a las chicas de las vallas; en el despacho ponen un riñón sobre la mesa y el otro lo mandan en prenda directamente a Nueva York. No tienen ninguna clase de ideología, salvo la que expele el becerro de oro, y tal vez votan a los socialistas, aunque no lo confiesan en público. Su filosofía son los objetos. En cada perfume, camisa, bebida, raqueta, coche, crema, viaje, piscina, ordenador, terraza, dejan parte de su existencia. Trabajan hasta la agonía para poseer cosas, y el contacto con ellas les erotiza, pero ante la inminencia de una nueva presa que comprar sólo les crecen los dientes.

Marisquería

Cuando supo que el Frente Sandinista había perdido las elecciones en Nicaragua, el viejo revolucionario pensó que el último sueño también se había derrumbado. Cerró el periódico y no pudo evitar las lágrimas: unas mojaron su corbata de seda, otras cayeron como gotas de limón sobre las ostras que estaba tomando. Entre las patas de los centollos a esa hora en la marisquería no se hablaba sino de negocios redondos y eran peces gordos todos los clientes que allí había. El viejo revolucionario parecía uno de ellos. Había iniciado su fortuna revendiendo un par de chaflanes y luego, deslumbrado por ese golpe, se alistó en las finanzas no sin haber dejado atrás la propia juventud y aquellos amigos con los que compartió los pepinillos de Bulgaria. El éxito le había colocado un poco de tocino en la sotabarba, pero el viejo revolucionario conservaba intacta una pequeña área del corazón donde la hierba aún crecía con cierto esplendor y allí pastaba el caballo de Zapata, aquel que escapó de la emboscada llevándose la revolución a los prados más íntimos, más altos. Hubo un tiempo en que él también quiso cambiar el mundo. Viajó a Rumania con una novia que siempre llevaba los dedos manchados de tinta y ambos confundían entonces la generosidad con la rebeldía. Ella fue torturada por la Brigada Politicosocial; él repartió panfletos maoístas mientras Raimon cantaba en la Villa bajo las floridas acacias de mayo. Eran jóvenes, creían en el paraíso, luchaban por la justicia, se amaban con furia en la sombra del Paraninfo después de la batalla con los guardias. ¿Dónde estaría ahora aquella muchacha? Antes de cerrar el trato con sus socios en la marisquería el viejo revolucionario tomaba unas ostras bañadas con lágrimas recordando los sueños que había abandonado. Imaginaba que los niños de Miami volvían a Managua a bordo de grandes descapotables, y por un momento creyó adivinar el sonido de un relincho que venía de muy lejos. Tenía un área en el corazón que no había entregado al enemigo todavía. Desde allí gritaba el caballo que llevaba dentro.

Libertad

Deseaba tener una habitación limpia e individual, un armario lleno de ropa, una cama muy blanca, un lavabo resplandeciente, una mesa con una lámpara de luz suave. Pero debía matar a alguien. También soñaba con sentirse amparado por una institución del Estado y vivir entre camaradas en una residencia de volúmenes modernos donde hubiera una biblioteca, campos de deporte, una cafetería con barajas y una sala de televisión que diera a un patio o tal vez a un jardín cubierto de flores o de nieve. Para eso necesitaba un buen cuchillo y el dinero del billete de avión. Era un sujeto hambriento y desarmado que en Madrid iba como un perro por los semáforos con la mano tendida pendiente de la caridad automovilística. Sabía que si lograba realizar aquella hazaña toda su miseria acabaría de repente. Sólo trataba de recobrar la dignidad. Tampoco exigía demasiado. Pedía comida, trabajo, tiempo libre, aseo personal, un pequeño espacio para soñar, algún compañero de fatigas con el que pudiera hablar del pasado, pero ese paraíso estaba lejos de aquí. Antes tenía que liquidar a un prójimo. Por fin se decidió a hacerlo. Este perro madrileño primero cometió un atraco logístico en un estanco, sacó el pasaporte y compró un billete de avión con destino a Suecia. No llevaba consigo la navaja todavía. La consiguió en el mismo aeropuerto de Estocolmo, y después de pasar la aduana, puestos ya los pies en una tierra tan amable, comenzó por acuchillar a un nativo, y no mató a uno, sino a tres, porque sabía que cuantos más crímenes cometiera más firme sería su porvenir. Se entregó en seguida, lo metieron en una cárcel del país y al instante allí le fueron reconocidos sus derechos humanos. Esa noche durmió en una celda con calefacción, al día siguiente tomó varias sopas humeantes, luego le atendió un psicólogo y a continuación inició una vida respetable y deportiva dentro de los muros, y no le faltaba cada dos semanas aquella mujer que le ofrecía el cuerpo con un poco de amor durante una hora de visita. Su sueño ya nunca tendría final.

Invisible

Ser invisible no es sólo que no puedan verte, sino también que no quieran mirarte. El tipo era joven todavía, tenía la carne compacta, de modo que en ella se condensaban los ojos de la gente y gracias a eso él se sentía real. Existe en cualquier mortal la secreta aspiración de ser transparente al menos durante unas horas para darse el gusto de atravesar paredes, pasar inadvertido en una reunión y estar en varios lugares a la vez comiendo en platos distintos. Se han ideado muchas pócimas en nuestra cultura tratando de conseguir esta virtud, pero hoy el don de la invisibilidad sólo se adquiere con la vejez y también con la miseria. El tipo dirigía una empresa de diseño, era un creativo que había conseguido elevar a la categoría de valla publicitaria las filosofías más profundas, y por tanto conocía el valor de las almas y del plástico. Su trabajo consistía en que los objetos fueran vistos de tal forma que la mirada se confundiera con el deseo de poseerlos. A su alrededor se movían artistas jóvenes, modelos y fotógrafos, que se renovaban continuamente, y entre ellos sin darse cuenta había encanecido. Mientras cada día las mercancías, envases y modelos publicitarios que él diseñaba eran más bellos y visibles, este creativo envejecía con mayor intensidad y lentamente comenzó a notar que los ojos de los demás resbalaban sobre su cuerpo cuando entraba en una fiesta. No despertaba ya ningún deseo, la gente había dejado de mirarlo, y él tuvo la percepción de que era invisible. Fue una bajada suave hacia su extinción corpórea, que se acentuó bruscamente en el momento aciago en que su empresa quebró. A partir de entonces su carne se hizo tan porosa que por dentro de ella cruzaba entrando y saliendo toda la sociedad y a medida que envejecía más esta situación se acrecentó hasta que un día ya en plena miseria el hombre pensó que era un ángel y que podía volar. Ser invisible no es sólo que no te vean, sino también que no te miren. Nadie le miró siquiera cuando el tipo voló desde una cornisa.

Ave María

La revolución soviética y la Virgen de Fátima son de la misma quinta. Desde cielos distintos, ambas bajaron a salvar a la humanidad en el año 1917, y cada una eligió en este combate un punto extremo de Europa. La revolución soviética afloró bajo el hielo del Báltico, en los fastuosos salones del Palacio de Invierno, en San Petersburgo, durante aquellos 11 días que conmovieron al mundo. La Señora de Fátima fue más humilde, ya que para manifestarse optó por un olivo portugués en un valle donde sólo repicaba el silencio de unas esquilas de cabra. Entre estas dos formas de salvación la competencia comenzó en seguida. La Virgen de Fátima, que era una anticomunista visceral, hizo bailar el sol, inició una cruzada de oraciones por la conversión de Rusia, metió diversos secretos de apocalipsis en un sobre y se los mandó al Papa. Desde entonces su empresa ha sanado a una multitud de cojos, ha vendido una cantidad inconmensurable de cirios y estampitas, ha organizado una infinidad de procesiones, pero su éxito nunca ha sido completo. Por otra parte, la revolución soviética creó un Ejército Rojo invencible hasta ahora en todas las guerras calientes y frías, sustituyó a Dios por las granjas y llenó de aspiraciones insólitas el corazón de los pobres. Todos han querido salvarnos. Unos, con el plan quinquenal, y otros, con escapularios. Ninguno ha conseguido su propósito. Ni Carlos Marx ni los tres pastorcitos de Cova de Iria. Durante este tiempo, la Iglesia y el comunismo han conocido distintas etapas de encono y convivencia, pero hace unos días se ha producido un hecho de paz entre Rusia y la Virgen. Los coros del Ejército Rojo de la Unión Soviética han acudido al Vaticano y en la sala Clementina, ante Wojtyla, han cantado el *Ave María* de Schubert. Tal vez ése era el último secreto de Fátima que el Papa tenía en un sobre lacrado durmiendo en el cajón de la cómoda. En una cuartilla arrancada de un dietario de comercio allí estaba escrito este vaticinio: llegará un día en que ninguna clase de lucha tendrá importancia.

Desde entonces hasta ahora, los coros del Ejército Rojo han desafinado ya por completo.

Metáfora

Era nueva la soga de cáñamo, y con ella el ahorcado había hecho un nudo marinero en lo alto de una farola isabelina, un domingo de primavera a la hora del aperitivo, en Recoletos, mientras unas muchachas azules tomaban refrescos de granadina y los bibliófilos buscaban incunables o rancias historias de amor en los taquillones de la feria de lance a lo largo del paseo. Como un fruto muy sazonado, allí apareció de pronto el suicida, colgado en medio del tráfico, balanceándose ligeramente según la misma brisa que movía la copa de las acacias. Tenía tulipanes bajo los pies, estaba coronado por tres globos de cristal llenos de sol y con los ojos ardientes el cadáver miraba la fachada del Banco Hipotecario, donde ahora florecen algunas parras. Así había quedado. Desde los cristales del café Gijón lo vislumbró un poeta, el cual, cegado por la gloria del orujo, pensó si aquella visión no sería el espectro de la inmortalidad que le esperaba. Buscando el propio sueño, el poeta se abrió paso a través del gentío formado alrededor de la farola del ahorcado y al penetrar en la sombra que éste proyectaba pudo comprobar en qué consistía la vanguardia literaria definitiva: escribir un texto de amor desesperado y tener la elegancia de elegir una soga de máxima calidad para cierta ceremonia. El suicida llegó del mar en busca de una amante azul que lo había abandonado. Cruzó media patria de noche en un tren correo y éste le había dejado en mitad de un laberinto donde ella no se hallaba, pero en el centro de la ciudad se levantaba una farola isabelina. Cerca de allí, unos libreros de viejo vendían polvorientas historias de amor y otras muchachas azules desconocidas tomaban refrescos de granadina en una terraza. Aquella mañana de primavera el navegante descubrió en su interior el último puente derruido. Se encaramó en el podio y eligió el mejor nudo marinero para la última travesía. Ahora, arriado ya el cuerpo del ahorcado, el poeta, en el velador del café, espera que pase aún por los cristales la amante perdida como una metáfora.

El jugador

Y dijo el oráculo ciego en una esquina de Nínive: «Quien se juega el dinero y gana, se traga un anzuelo de oro». La ciudad estaba coronada por la rueda de la fortuna y la bola volaba como una paloma torcaz alrededor del corazón de este joven jugador. Apostó todo su caudal siempre al cero, que es el vacío, y fue señalado por el dedo de los dioses. La ruleta aún giraba. Con un millón palpitando en cada ingle y en medio el sexo olvidado, abandonó el casino cuando la noche ya era alta y las estrellas limpias. Al fondo se veía el resplandor de Nínive, donde a esa hora comenzaban a funcionar las timbas más duras. El hermoso jugador, excitado por el triunfo, quiso insistir en la suerte. Entró en un garito de cocodrilos que le esperaban dormitando con párpados pesados sobre la charca del tapete verde, y burló los naipes hasta el amanecer, y allí recibió dos certeras dentelladas que le arrancaron una pierna y un brazo; pero esta derrota le exaltó aún más que el éxito. Le quedaba íntegro su coraje contra el azar. Con un grito desaforado en la madrugada, levantando el brazo que le restaba, paró un taxi y éste le condujo a un antro en el subsuelo de un gran mercado de carne lleno de rufianes que cosían los billetes con la navaja y bebían licores de baja calaña mientras echaban los dados sudorosos dentro de un corro en el suelo de cemento. Antes de la salida del sol perdió el último puñado de dinero, y luego, con el pulso temblando y toda la ceniza en la lengua, libró su ruina con un cheque al portador, que en este caso era un legionario. Volvía a casa por calles deshabitadas y vibraba una luz lívida en los aleros. En medio de la soledad se cruzó con un ciego perdido en el tiempo, extraviado en la ciudad, que cantaba precisamente el número de cupón premiado la noche anterior. El jugador quiso comprarlo entero, pero no tenía con qué pagar. Entonces, aquel oráculo ciego que vendía aún la suerte pasada le dijo: «Quien se juega el dinero y gana, se traga un anzuelo de oro. Tú lo llevas en el corazón. Dámelo a cambio y serás otra vez rico». Y el jugador se lo dio.

Imagen

Sentado en un banco del parque el hombre se quedó dormido y después de un tiempo no determinado este hombre comenzó a soñar y en el sueño se vio a sí mismo sentado en el banco de ese parque con un álbum de fotografías en la mano, el cual contenía imágenes de su vida. Soñando abrió el álbum por la primera página y en ella había un bebé desnudo sobre un almohadón de terciopelo. Luego apareció un retrato escolar donde él posaba junto a un mapamundi de mares muy azules y a esa ficción seguían otras que representaban su infancia. Se descubrió en un jardín indefinido en brazos de su nodriza junto a una balaustrada, en el farallón de aquella cala desierta cuando pescaba cangrejos, en el tiovivo de la feria en una ciudad de provincias. Así fue pasando páginas de su existencia hasta llegar a un estanque con cisnes que no recordaba. Mientras el hombre soñaba las palomas en el parque zureaban a su alrededor y un mendigo que por allí merodeaba optó por sentarse en el mismo banco y se quedó observando a aquel desconocido que dormía a su lado, el cual ahora en sueños alcanzaba su juventud en el álbum abierto en las rodillas. Estaba contemplando fotografías de fiestas familiares, recuerdos de la universidad, meriendas campestres y en ellas había comenzado a vislumbrar rostros que ya se fueron, pero él entonces era muy fuerte y en sus hombros apoyaba la cabeza sonriendo aquella novia que también murió. Lentamente nuevas imágenes iban conquistando los años fenecidos y pronto se revelaron en el álbum los seres que ahora lo amaban. Su mujer esquiando en la sierra, su hija con la catedral de Notre Dame detrás. Pero antes de cerrar el álbum quedó sorprendido. En la última página el hombre en sueños se descubrió a sí mismo soñando. La fotografía mostraba un banco en el parque y allí estaba él dormido con algunas palomas a los pies, junto a un mendigo que lo observaba. Entonces vio con terror que la imagen del hombre dormido despertaba, y sin despedirse, echaba a andar y se perdía.

entre los setos del parque mientras el mendigo lo seguía con la mirada.

Nupcias

Se casaron en los Jerónimos, y el banquete nupcial se celebró en un salón del Ritz donde los novios, que eran aristócratas, habían reservado una *suite* para pasar la noche de bodas. Había muchos bigotitos y cuellos de porcelana entre los invitados; también las damas lucían pamelas con frutas, y se veían niñas rubias con lazos de terciopelo. El sudor en el templo olía a Nina Ricci y a otras marcas de perfume exquisito que se liberaba desde la intimidad de la carne femenina al agitarse las sedas de los abanicos. Al pie del altar, un cura muy guapo de mandíbula violeta y santidad probada, había derramado palabras de felicidad sobre la pareja de enamorados congratulándose en nombre de la Iglesia por el hecho de que dos vástagos de familias de honda raigambre cristiana y financiera hubieran decidido unirse en matrimonio para formar un nuevo hogar santificado por Dios. Con esa entrega mutua se acrecentaría el cuerpo místico. Tendrían hijos sanos, cuyos ojos serían como los de la madre, e igualmente heredarían del padre el talento para los negocios. Estas cosas tan dulces había dicho el sacerdote moviendo con elegancia los brazos antes de darles la bendición mientras la pareja de novios se miraba con una sonrisa ambigua. Nadie podía afirmar cuál de los dos era más hermoso. Cuando abandonaron el templo bajo los acordes del órgano, desde los bancos las grandes familias conocidas les iban felicitando, y ahora todos bailaban en el Ritz alrededor de la tarta, pero a las dos de la madrugada terminó la fiesta y ellos subieron a la habitación del hotel. Lentamente, él se fue despojando del traje de novia y debajo del blanco satén aparecieron palpitando de amor sus atributos masculinos; ella se quitó el chaqué con todos los arreos de galán hasta quedarse con el cuerpo anfibio reflejando su desnudez en el espejo bixesual. Comenzaron a besarse, y entre caricias durante toda la noche recordaron las estancias de un viejo palacio cerrado donde siendo adolescentes se conocieron y revelaron su secreto.

La rival

¿Quién sería esa mujer rival que depositaba flores en la misma tumba? Lo acompañó hasta la muerte y nunca pudo imaginar que su pasión fuera compartida, pero cada vez que iba al cementerio encontraba sobre la tumba de su amante un ramo de rosas amarillas recién cortadas. Alguien la precedía siempre. Durante los últimos años, aquel hombre sin historia sólo la había tenido a ella, pasaban juntos cada hora del día y él no gozó de otro admirador que su perro, el cual no podía llevarle flores porque también había fallecido. Cuando la mujer comprobó que las rosas amarillas se renovaban a través del tiempo a los pies de la fosa de su amante se sintió muy turbada, y aunque los celos la corroían nunca por eso dejó de depositar nuevos crisantemos junto a la ofrenda de aquella desconocida. Ahora estaba sola en el mundo y todas las calles de la ciudad confluían hacia aquel punto donde su amante dormía y en medio de la multitud había otra mujer sin rostro cuyo destino era común: amaba al mismo hombre hasta más allá de la muerte. Llevada por la inquietud, comenzó a investigar, si bien él no había dejado agendas ni papeles y tampoco en casa los armarios tenían secretos ni en las páginas de algún libro había quedado siquiera un pétalo atrapado que denotara un sueño perdido. Miraba desde la ventana la extensión de los tejados que cobijaban todas las pasiones y también acertaba a ver las sucesivas oleadas de gente anónima que generaba la esquina creando siempre criaturas similares. Cualquiera de ellas podía ser la que llevaba flores a su amante. La propia soledad la purificó obligándola a amar a esa rival ignorada. La necesitaba como el último lazo que la ataba a la vida y al ser desconocida se vio impulsada a amar a todos los seres del mundo a través de aquel ramo de rosas amarillas que nunca se secaban. Pero un día fue al cementerio y no encontró las rosas sobre la tumba de su amante. Entonces supo que ya no quedaba nadie, puesto que en la ciudad otra mujer había muerto.

Solidez

La diferencia entre nuestro país e Inglaterra, por ejemplo, consiste en que allí un profesor de Oxford no sabe quién es Lady Di. Y si lo sabe no conoce su desgracia y si la conoce no le importa nada y si le importa se lo calla. Un científico de Oxford sólo hace ciencia. Lo mismo sucede en Harvard, en Berlín o en la Sorbona. En esos centros los investigadores trabajan en la biblioteca y en el laboratorio sin que les preocupe en absoluto los avatares del pene de Woody Allen o los amores de piscina de la Sarah Ferguson. No imagino a un economista de Chicago o a un teólogo de Tubinga interesado en el divorcio de un cantante. Los periódicos que esta gente lee no suministran esa clase de noticias. Sin embargo, en nuestro país el embarazo de una actriz secundaria ocupa parte de la conversación de unos banqueros en el consejo de administración y los prelados en las reuniones de la Conferencia Episcopal están al corriente de las vacaciones de Isabel Preysler. El chismorreo más vulgar empapa toda nuestra sociedad, y aquí no se salva nadie sino un pastor

¡Maldita sea! ¡También yo estoy escribiendo de la Preysler! ¡Esto es el fin!

perdido en el monte con el ganado o algún sabio despistado de provincias, cazador de mariposas. Aristócratas, intelectuales, clérigos, políticos, escritores, altos funcionarios devoran los escándalos, siguen las incidencias de los seriales de televisión, saben de memoria los maridos que ha tenido Elizabeth Taylor. Corren malos tiempos. Para no ver cadáveres hay que mirar al techo. Para no oler la corrupción hay que usar mascarilla. Pero cualquier país bien hecho, aun en esta época tan cruel y a la vez tan liviana, conserva unos cimientos muy sólidos para apoyarse, tiene algunos espacios cerrados donde no suele ser bien recibida la estupidez. En ellos existen aún muchas personas que cumplen con su deber sólo por ser su deber, sin preocuparse de otra cosa. En cambio, aquí en España cualquier chisme conmueve el Estado, hace perder el sueño a ilustres pensadores, saca a los científicos de los laboratorios. ¿Dónde hay en este país un asa firme para agarrarse?

Concurso

El tribunal lo formaban tres capataces, de los cuales uno lucía dientes de estaño, y en aquella hoya calcinada que se parecía al valle de los profetas estaban esperando más de mil concursantes a un puesto en la inmortalidad. El examen iba a comenzar en seguida. Consistía en cavar la propia tumba. A los aspirantes se les había otorgado un pico y una pala, y a sus pies tenían un pedazo de tierra para realizar este ejercicio práctico. Según las reglas de la convocatoria, la única plaza se adjudicaría a quien realizara el trabajo con mayor rapidez, profundidad y limpieza. En su mayoría eran jóvenes insomnes y desesperados, artistas que simulaban ser mendigos; poetas y filósofos, echadores de cartas, adivinos y toda clase de seres macilentos. Bajo un sol de justicia, el capataz de los dientes de estaño, con un megáfono, dio la orden de salida, que sonó con cuatro ecos en las paredes de la cañada, y al instante todo el mundo comenzó a picar con inusitado ardor levantando una espesa polvareda. Había sólo una plaza para la inmortalidad, y unos tuvieron más suerte que otros. En algunas partes de la ladera la tierra era leve, y allí las tumbas brotaban sin esfuerzo. En cambio, había zonas donde las breñas hacían muy duro el trabajo, pero ni uno solo de los aspirantes a la inmortalidad dejó de luchar ferozmente con el pico y la pala durante cinco horas seguidas. Cumplido este tiempo reglamentario se oyó el silbato, y entonces cesó por completo el fragor de las herramientas. La nube de polvo se fue abriendo con lentitud, y dentro de ella apareció la sombra de cada concursante al borde de su sepultura, y también la terrible silueta de los jueces. Éstos se pusieron a examinar con precisión la labor realizada. Había fosas perfectas, limpias, muy profundas. Otras eran simples zanjas no aptas para contener el propio cadáver. Después de mucha discusión, el tribunal de capataces dio el veredicto. El premio a la inmortalidad lo ganó un profesor de metafísica que estaba en el paro. El resto de las tumbas quedaron vacías.

Esto sucedió en el valle de Josafat.

pero los muertos estaban fuera.

Testamentaría

He conocido a un mendigo en Madrid especializado en testamentarías. Este hombre no pide limosna, pero ciertos cubos de basura carecen de secretos para él. Su método de salvación es el siguiente. Un primo suyo que trabaja de repartidor de coronas en una importante funeraria le pasa un parte diario de los muertos habidos en la ciudad, con la dirección exacta de cada uno, y sobre esta lista el pordiosero establece su vida. No todos los difuntos le sirven. En realidad sólo se nutre de las bajas que se producen en el barrio de Salamanca. Su labor de investigación se inicia poco después del entierro. Cuando el duelo desaparece, él monta la guardia en la acera junto al cubo de la basura más próximo a la vivienda del fallecido. Según sus cálculos, la familia comienza a limpiar la casa al día siguiente. A media mañana se ve salir a la criada con una caja llena de íntimos enseres que pertenecieron al muerto: las gafas graduadas, la dentadura postiza, el último pijama todavía sudado, las medicinas que sobraron, la boquilla con sabor a brea para quitarse del tabaco y a veces también algún bisoñé. Todo esto va a parar al depósito de basura de la esquina, y en seguida aparece la sobrina llevando en brazos un nuevo cargamento: la colección encuadernada de la revista taurina *El Ruedo*, la almohada donde apoyó la cabeza el cadáver, la avutarda disecada que él tanto amó. La cantidad de cosas que la familia desecha siempre depende del grado de odio o de amor que el difunto despertó, pero el mendigo esto no lo sabe. Hay parientes que lo tiran todo; en cambio, existen viudas que guardan hasta el cepillo de los dientes. El cubo de la basura marca el nivel del corazón. El mendigo recibe el aviso de su primo que trabaja en una funeraria, y la suerte consiste en que el muerto sea a la vez rico y odiado. Entonces el cubo de la basura florece. Se convierte en una testamentaría donde se pueden encontrar relojes, bolígrafos dorados y la cucharilla de plata para las amígdalas. Este mendigo ya ha comenzado a surtir a varios establecimientos. Y sin duda pronto será almacenista.

Mando

Los pobres solían bautizar a sus perros con nombres de emperadores y sobre ellos ejercían la sed de mando. Muchos jubilados tenían un jilguero. Las viudas de clase media eran reinas absolutas de su gato. La pasión del poder está escrita también en el corazón de los mendigos, los cuales daban órdenes a las ratas. Cualquier miserable colgado del último eslabón de la jerarquía siempre ha encontrado a un ser inferior dispuesto a ceder y hasta ahora los animales domésticos constituían un buen recipiente de la frustración humana, aunque los tiempos han cambiado. No digo que los perros, los jilgueros, los gatos y las ratas se hayan rebelado, sino que han sido sustituidos por otras criaturas aún más sumisas para liberar el afán de dominio que el hombre despide. De pronto a este mono supremo se le ha regalado un mundo de teclas conectadas con los nervios de las máquinas y se siente feliz al verse correspondido por ellas. No hay perros ni gatos suficientes para saciar la sed de poder de los solitarios humildes, pero si uno quiere mandar hoy lo consigue apretando sencillamente el botón del ventilador y éste obedece. Antes los jubilados sólo podían echar una firma en el brasero. En cambio a esta altura de los tiempos los pordioseros industriales poseen un tablero electrónico donde vierten toda suerte de caprichos. Las viudas de clase media mantienen íntimas confidencias con la lavadora automática, los sacristanes manejan a Dios con un ordenador personal y por otra parte no existe jefe más cruel que un pensionista sentado frente a un televisor con un mando a distancia. En la pantalla aparecen reyes, políticos, divos de la canción, intelectuales y comediantes. Al pensionista la vida le ha ofrecido la gran potestad de cambiar de canal. Desde la raída butaca con un simple impulso del dedo borra la existencia de los monarcas, llama a su presencia a los líderes, los fulmina, recobra a los héroes y los vuelve a matar según su arbitrio soberano. Los humildes están satisfechos. Debajo de las máquinas caseras quedan las ratas.

El gallo

Murió el magistrado y en Madrid se celebraba el entierro, pero su alma había transmigrado, y en ese momento él ya era un gallo en Madagascar mientras aquí la familia junto al féretro lloraba todavía. Ahora su alma lucía espolones y una cresta colorada. Había expirado dulcemente deslizándose por un tobogán oscuro. Atrás había dejado el último sonido de unas plegarias en latín unidas al olor de aquellos frascos de medicinas que cubrían la mesilla de noche, y de pronto la penumbra de su habitación fue sustituida por un fogonazo de sol y de gritos. Su alma aún era un alma de magistrado. Conservaba intacta la memoria de su vida anterior, la sabiduría de las leyes, la experiencia del orden, y en ese instante toda ella se hallaba palpitando dentro de un gallo de pelea en una isla del sur, aunque su cadáver había quedado en Madrid, donde las honras fúnebres iban a comenzar. Ambas ceremonias fueron simultáneas. En Tananarive, capital de Madagascar, también estaba a punto de iniciarse el combate, y él era uno de los dos contendientes. El magistrado vio con asombro que su propietario le calaba unas fundas de acero en los espolones y lo depositaba frente a otro gallo de su estilo bajo unos ventiladores, en medio de un corro de negros que vociferaban apostando con billetes sudados. Tantos alaridos cegaron su nueva alma, y de repente un impulso desconocido lo lanzó contra el cuello de su enemigo hasta que el pico y las garras se cubrieron de sangre. Al mismo tiempo, su cuerpo presente, ataviado con la toga y el collar de oro en un salón del Palacio de Justicia, era ensalzado por el ministro del ramo en la capilla ardiente. Allí se sucedían los elogios rituales, y todos le recordaban como un hombre de honor, pero muy lejos ahora su alma brillaba con plumas ensangrentadas en una isla de fuego, y cuando sus restos mortales fueron aupados hasta el furgón, el antiguo magistrado acababa de ser proclamado campeón de Madagascar, puesto que había degollado con una ráfaga de su espolón al otro gallo.

Mendigo

Suelo darle mi ropa vieja a un mendigo que lee a James Joyce. Viene a casa algunos domingos por la mañana. Nunca traspasa la puerta. Bajo el dintel hablamos de algunas verdades insustanciales mientras rebusco unas monedas en los bolsillos, y después de aceptar esta limosna preceptiva él se aleja, y entonces descubro que a veces lleva una chaqueta raída que le sienta muy bien. Siempre he deseado ser tan elegante como este mendigo. También acostumbra a ponerse aquellos pantalones de franela gris y los últimos zapatos que deseché. Por fuera alguien podría creer que soy yo mismo, pero el mendigo tiene un esqueleto de mejor calidad, y mi ropa ajada, que se paseó inútilmente por los salones, ahora cuelga con toda su armonía del cuerpo magro de este hombre, y el paño libera todas las vibraciones que estaban ahogadas. El mendigo trabaja de forma regular en la puerta de una iglesia de un barrio burgués, y a veces le he visto sentado en la escalinata leyendo el *Ulises*. El otro día, en la puerta del templo, no sólo llevaba mi corbata de seda pasada de moda y un traje de Versace que yo usaba cuando era un tipo esbelto, sino aquel abrigo marrón que compré en Londres hace ya tantos años. Por ese tiempo, yo también leía a James Joyce, y la talla del mendigo era exactamente la mía. Ahora él estaba absorto en la lectura esperando que salieran los fieles de la iglesia para tenderles la mano. Me limité a contemplarlo desde la acera y de pronto recordé algunas sensaciones del pasado que no se podían separar de sus prendas raídas. Aquel bolsillo destrozado me recordaba un viaje a Italia lleno de amor; el cuello rozado me traía el perfume de unos días lánguidos sin historia; algunos sueños y todas las frustraciones aparecían en cada uno de los desgarros, pero debajo de aquellos paños ajados había una carne llena de heridas, y a través de ellas penetré en el interior del mendigo hasta reconocerme. Él levantó los ojos de las páginas del *Ulises* y mantuvo largo tiempo la mirada conmigo sonriendo.

Madurez

A esta altura de la vida uno ya sólo aspira a ser decente y a estar delgado, a comer pequeñas raciones de alimentos muy seleccionados, a sorprenderse de que salga el sol cada día. Todas las doctrinas han pasado y el aceite de oliva permanece; todos los imperios han caído y, no obstante, dentro de ti la ascética puede levantar un baluarte que nunca será derribado. También la juventud ha huido hacia otras playas, hacia otros cuerpos. Brindemos. Que nadie llore por los días perdidos, por los placeres que uno sacrificó a la prudencia, por los impulsos ahogados. Hay que levantar la copa con melancolía y brindar por la antigua hermosura, por la memoria de aquellas horas. La madurez consiste en ir secándose con elegancia hasta convertir tu carne en una cecina de gran calidad, bien curada. Desecha cualquier pensamiento que te lleve a aquellos sueños que no pudiste realizar, pon los pies dentro de una acequia y deja que la historia fluya como el agua. Las teorías políticas, creencias religiosas, convicciones morales y disquisiciones filosóficas discurrirán acariciándote el calcañar, mientras el mundo se cae a pedazos. Las grandes utopías han desaparecido, todos los profetas han sido burlados, el futuro ya no existe. Mas he aquí algunos bienes que en medio de tanto azar siempre quedarán en pie: comer delicadas verduras, cultivar la amistad, amar a los que te quieren, ser decente, gastar poco, estar flaco. Ninguna filosofía es más profunda que un tomate. Cuando ya no puedas aferrarte a ninguna doctrina tu perro seguirá moviendo el rabo y aún quedará la luz del aceite de oliva, la bondad del corazón, la ensalada de apio, la ternura ante el dolor y una agradable conversación con los amigos en el interior del aroma de café. Hoy los negocios más oscuros se hacen en despachos de cristal muy transparente y el lujo ha alcanzado por fin el brillo de una salchicha. Para defenderse sólo está la austeridad. Al pie de ese baluarte hay que ir secándose con elegancia sin desear nada más sino algunos alimentos muy seleccionados y todo el mar.

Espejos

Bastaban sólo dos funcionarios por planta para llenar todo el Ministerio. Un sistema de espejos montado en los ángulos los reflejaba, los multiplicaba indefinidamente e introducía su imagen en los despachos, en las distintas salas. De esta forma, cualquier ciudadano que entrara en este edificio de la Administración no advertía nada extraño. Cada mesa parecía ocupada a simple vista por un servidor del Estado. Varios centenares de personas estaban en nómina en ese organismo, pero ninguna excepto dos por planta según el orden establecido acudía nunca al trabajo. La pareja de funcionarios de carne y hueso se colocaba frente al espejo principal del piso asignado y allí comenzaba a actuar. Mientras uno escribía a máquina o bostezaba, otro removía cartapacios en una estantería o trataba de atender al público. Este simulacro con ademanes idénticos se dividía de modo confuso, se multiplicaba ilimitadamente por medio de sucesivos espejos secundarios y, vertiéndose a través de escaleras y altillos, las imágenes se entrelazaban, componían todas las variantes del funcionariado y finalmente se situaban en el lugar exacto, sustituyendo a cada empleado de aquel Ministerio. El público departía con subdirectores generales, jefes de negociado, oficiales y bedeles sin advertir que sólo hablaba con unas sombras o reflejos. Nadie sabe cuándo comenzó esta ficción. Sólo se sabe que terminó por un simple accidente el otro día. Un ciudadano vulgar entró en el edificio para reclamar un expediente durante muchos meses archivado y tuvo un altercado fuera de lo común con un funcionario que no quiso atenderle. El ciudadano trató de agarrarlo por el cuello por encima del mostrador y entonces vio con terror que aquella figura se desvanecía dentro de su puño. Lleno de pánico, arrojó el maletín contra un cristal y al instante todas las infinitas imágenes que los espejos reflejaban en cadena se disolvieron rotas en pedazos quedando el Ministerio desierto. El público huyó despavorido. Y aún hoy se ignora si esto mismo va a ocurrir en todas las oficinas del Estado.

El Rey

¿Se va a convertir ahora la familia real en materia de degustación? El tendero medio de este país celebraba que el Rey fuera motorista, aviador, esquiador, regatista; que saludara desde el balcón con una mano capaz de partir dos ladrillos con un golpe de kárate. El deporte y cambiarse de traje siete veces al día es una ascética para los ejemplares de sangre azul. A la gente le gustaba un Rey magullado con esa clase de cicatrices que dan carácter. Juan Carlos pronto complació al público arreándose toñas contra los cristales, astillándose la cadera y después una rodilla, y aunque el diseño regio con estos costurones mejoraba bastante, siempre funcionó entre ciertos lobos que gobiernan la prensa el pacto tácito de no romper tan delicado jarrón. Pero en este país está ya toda la carne picada. Aristócratas, artistas, banqueros y políticos con sus respectivas amantes o consortes han exhibido a pleno sol los menudillos, y antes sus cuerpos desnudos ya habían ardido en presencia de los fotógrafos, que siempre piden más caballos. Sólo queda la familia real por devorar, y esto no es una frivolidad, sino un dato muy cruel de la sociología. Cuando un país alcanza los 10.000 dólares de renta *per cápita* da un salto cualitativo, cambia de alma, desprende el lastre de varios tabúes, se permite algún lujo, por ejemplo, meter el dedo en la tarta de la Corona y chupar. La cuestión consiste en saber si la monarquía tendrá la solidez suficiente para convertirse en objeto de humor, en materia de degustación morbosa para una clase de tenderos enriquecidos. De hecho, Juan Carlos se halla ante un gran desafío, tan peligroso como aquel golpe de Estado del 23 de febrero, que en realidad vino a legitimarlo porque supo jugar entonces la carta adecuada. Ahora el reto es mayor: se trata de ofrecer la vida privada de la familia real a ciertos lobos, sabiendo que éstos nunca se van a saciar, ya que este tipo de banquete es una conquista de la democracia, y que la Corona salga de esta carnicería no sólo indemne, sino fortalecida.

En la selva

La cúpula del Vaticano se reflejaba en una charca llena de cocodrilos; una manada de cebúes iba por la plaza de San Pedro a abrevar en la fuente del obelisco y algunos rinocerontes dormitaban a la sombra de la columnata de Bernini. Dentro de la basílica, en el baldaquino del altar mayor, se columpiaban los chimpancés. Quedé pasmado ante esta visión. Había recorrido parte del país, dejando atrás los cocoteros, cafetales y plantaciones de cacao; luego me había adentrado por la ruta de los elefantes hasta llegar al corazón de la selva africana, y allí, en medio de la jungla, en las afueras del poblado de Yamoussoucro, de pronto descubrí la silueta del Vaticano en el horizonte sobre una nube de flamencos que se acababa de levantar de la laguna en el crepúsculo ensangrentado. Me encontraba en Costa de Marfil. Después supe a qué se debía el sueño. El presidente de esta república, Félix Houphouet Boigny, padre de la independencia, católico fervoroso y hortera insigne, había mandado levantar en su pueblo natal, junto a la residencia de verano, una inmensa basílica, copia exacta de la de San Pedro, en Roma, para honrar a Dios. Frente a la imagen de esta gigantesca fábrica religiosa, rodeado por el estertor de la naturaleza, tuve una experiencia sagrada. Vi el gran templo del Vaticano en medio de la selva, sin un solo creyente, con las puertas abiertas de par en par, y, bajo los dinteles labrados, toda clase de fieras entraba y salía como los fieles en un día de fiesta. Los cebúes llenaban las naves, aves del paraíso de plumas azules volaban por el recinto mientras en lo alto de los capiteles había leopardos bostezando y las gorgonas eran hidras reales, serpientes vivas que palpitaban de sopor en los aleros. Dentro de la primera iglesia de la cristiandad crecían los árboles carnosos, cuyas raíces iban en busca de los sepulcros papales, y una multitud de monos gritaba en el coro y uno de ellos tocaba al órgano una fuga de Bach. Creí que Dios había recuperado por fin la inocencia de sus criaturas. Los hombres no estaban.

En otras iglesias el vestigio del animismo sólo perdura en los capiteles labrados con figuras de animales. En este caso los animales eran reales.

Homenaje

Prefiero a aquellos Papas valencianos que alternaban el perdón y el veneno. Con una mano sumamente blanda daban la absolución, y al instante, con igual elegancia, aprovechando la misma bendición, vaciaban en la copa contraria la ponzoña que guardaban en el anillo de esmeralda. Se cumple ahora el 500° aniversario del pontificado de Alejandro VI. Este Borgia convulso tuvo amores oscuros con su hija Lucrecia, a la que enseñó las artes de impartir sorbetes de efecto fulminante, y a su hijo César lo preparó para que fuera modelo del príncipe de Maquiavelo. También encargó la *Piedad* a Miguel Ángel. Se celebra igualmente este año el 500° aniversario del nacimiento de Luis Vives, un judío valenciano de finísima nariz que, oliéndose la hoguera, huyó a Flandes, donde acabó de elaborar, junto con Erasmo, el humanismo que todavía nos nutre. Pienso en estos personajes de mi tierra y voy caminando entre redes azules tendidas en la explanada del puerto hacia la lonja del pescado para comprar unas escorpas; las asaré a la plancha en su honor y sobre su carne rosada derramaré aceite y orégano. Estaba muy femenina la mar esta mañana y en el interior de su sonrisa los atunes se bebían los anzuelos de unos pescadores. Debajo de los limoneros cuajados había algunos cepos con los que tal vez los amantes dieron suplicio de amor a una novia que también se llamaba Lucrecia. Estos de hoy no son Papas. Ahora ya piden perdón por haber encarcelado a Galileo, aunque no por haber asado a Giordano Bruno, que se limitó a decir que después de Copérnico ya no había cielo, puesto que este planeta ya estaba navegando por él. Están en el cielo de Copérnico estos limoneros y todas las Lucrecias atadas; el humo perfumado de los peces se extiende hacia ellas. Prefiero a aquellos pontífices valencianos que operaban con veneno: su perfidia inauguró la modernidad, su rostro se reproduce aún en ciertos mascarones de viejas naves mediterráneas. Para celebrarlo, me tomaré dos escorpas a la plancha.

Anchoas

Si yo fuera un filósofo escandinavo buscaría la verdad azotándome la espalda con ramas de abedul en lo alto de una colina batida por el viento boreal. Tendría una casa de madera junto a un lago gris y las gaviotas sonarían en el interior de mi conciencia, la cual formaría parte de la niebla y las dunas. Pero yo he nacido en el regadío de Valencia y estoy condenado a este fulgor de estaño: creo que el cielo es una tienda de lámparas de la Real Fábrica, y, por regla general, a mí se me aparece Dios cuando como anchoas envueltas en la luz del aceite de oliva y en otros muchos casos. En esta tierra, la verdad no habita en el cerebro de nadie. Sólo está en la superficie de las cosas que más brillan, y, no obstante, resulta una labor muy ardua descubrirla. ¿Acaso Dios es un ente distinto al sabor de los berberechos? Cada jornada te ofrece una ráfaga de inmortalidad: ayer la encontré en los ojos de un perro abandonado, hoy tal vez se hará evidente mientras le meta el diente a un pan con tomate. En este momento, por ahí delante pasa Dios. Un camarero lo lleva en la bandeja humeando bajo las palmeras por la terraza de este bar del puerto. Va dentro de una taza. Dios es ese café negro cuyo perfume me ha transportado hasta las murallas de Jericó. No hay que morirse todavía. Quedan algunas rosas por oler, algunos garitos que visitar, distintas regiones de otras almas para explorar, y mientras exista una maleta de cuero con fuelle, uno siempre podrá huir, pero ésta aún es una hora de gloria al mediodía: huelen a brea las redes tendidas al sol y los gatos en el muelle se ofuscan ante el resplandor de las cajas de sardinas. Sentado en el bar del puerto leo el periódico: en un asilo del interior de España, un matrimonio de ancianos se ha suicidado arrojándose de la mano al patio desde una ventana. Como estaban en Castilla han caído a plomo. Si este par de viejos hubiera vivido en el Mediterráneo, al tirarse al vacío habrían volado hasta volverse los dos muy azules. Voy a pedir al camarero otra ración de anchoas para que me estalle Dios en la lengua otra vez bajo las palmeras.

Arquímedes

Hay algunos personajes que rompen el principio de Arquímedes: desalojan más de lo que pesan; experimentan un impulso hacia arriba muy superior al valor de su vida o a la densidad de su obra. Los conoces bien. Abres el periódico y sus nombres están allí, enchufas la televisión y sus rostros aparecen gesticulando siempre, conectas la radio y los oyes a cualquier hora del día o de la noche dictaminando acerca de las cosas más dispares sin una idea original que te sorprenda. Sus juicios son requeridos en toda clase de temas y acontecimientos, ya se trate del amor o de la peste equina, de la guerra nuclear o de un simple descarrilamiento del tren de cercanías, y ellos nunca se detienen ante nada: lo mismo opinan con desparpajo de mecánica cuántica que salen friendo un par de huevos con delantal en un programa para amas de casa. Son vacíos y omnipresentes. Alguno de estos escritores, cineastas, intelectuales, artistas y políticos que acaparan la actualidad, despierta mucha envidia, pero ninguna pasión; su figura, multiplicada en imágenes hasta la angustia, provoca chismes y comentarios aunque difícilmente levanta una polémica. Como cetáceos llenos de flato, se les ve chapotear en la superficie de la sociedad desplazando toneladas de fluido que no se corresponden con la entidad de su trabajo, y entonces uno, con cierta ira, piensa en otros seres de vida preservada que también rompen el principio de Arquímedes en sentido inverso: desalojan mucho menos de lo que pesan; se hallan instalados a una altura inferior a su talento o sumergidos en el anonimato, si bien podrían deslumbrarnos con su pensamiento. Para encontrarlos hay que ir a los centros de investigación, a las universidades de provincias, a los institutos de las pequeñas ciudades. Son profesores, poetas, científicos, artistas, escritores, que no salen en pantalla. No nos agreden con su estomagante presencia. Se limitan a trabajar con la elegancia que posee el silencio cuando éste es creativo. Por fortuna para ellos, usted no los conocerá nunca.

Cerecedo

En morir también fue el primero. Dejó muchos amigos que entonces eran jóvenes para que pudieran guardar su memoria. En honor a Cerecedo cada año los violines tocan una pavana en el Ritz y un príncipe concede el galardón al periodista que más se le parece. Nunca los dioses trataron con tanta generosidad a un libertario: fulminaron su mente con un rayo de sangre y cayó plegado al pie de la barra con un whisky en la mano sin darle más edad que la precisa para que pudiera partir sin barriga ni papada, sin haber podido traicionar sus ideales cuando en este país la libertad todavía era una novia que se estaba abriendo. Recordar ahora a Cuco Cerecedo es llorar por aquellos tiempos de gloria y por todas las frustraciones que siguieron. Los elogios fluyen con tanta suavidad porque está muerto. Por encima del cadáver de Cerecedo constituyen el homenaje que nos hacemos a nosotros mismos en forma de epitafio con el que todos habíamos soñado. Así de dulces suenan las palabras. Jugaba partidas simultáneas en el amor. Llevaba a sus amantes al desierto. Era el confidente de guerrilleros en muchos frentes de liberación, de modo que comía dátiles en una jaima de palestinos y luego viajaba al altiplano de Bolivia habiendo dejado a sus admiradores aparcados delante de un café con leche en las botillerías de la izquierda de Recoletos, pero él volvía siempre con las botas polvorientas y entonces en Oliver sonaba la canción *Something stupid*, de Sinatra. La burla irónica fue su mejor arma mientras el franquismo ya se extinguía y con la misma pluma ácrata entró a embestir molinos de viento al iniciarse la democracia. ¿Dónde estaría hoy Cuco Cerecedo? ¿Tendría barriga y papada? ¿Habría claudicado? ¿Sería jefe de prensa de algún Ministerio? Porque murió joven lo hemos tomado como ejemplo de una generación que luchó por la libertad cuando ésta se confundía con los días felices en que éramos muy limpios. Cada año lloraremos por él, cada año lloraremos por nosotros mismos.

Latido

Cualquier acto que uno realice, por miserable que parezca, siempre será un acto universal: en ese momento lo están ejecutando millones de seres en todas las partes del mundo. Vicios, sentimientos y tragedias íntimas participan igualmente de una corriente planetaria que actúa como una fisiología, y arrastrado por ella alguien puede sentirse un asesino muy selecto o un monje lleno de sabiduría, pero no es sino otra de las tantas criaturas unívocas que baila al son de una melodía compuesta por todos los placeres y sufrimientos de la humanidad junto con sus ambiciones. Sólo los héroes y los santos captan el sentido de esta música: son conscientes de que la acción o el sacrificio personal se prolonga a través de un inmenso campo de almas, hasta crear una unidad, y sólo dentro de ella se sienten libres o redimidos. Todo cuanto sucede forma una masa. El conjunto de blasfemias y plegarias engendra un cántico que se eleva hacia las esferas, y hasta allí también llega el grito unánime de todos los orgasmos, el sonido de todos los látigos, el rumor de innumerables frustraciones, de idénticas esperanzas, de estertores y carcajadas semejantes, que son reflejos de las mismas pasiones acompañadas por los mismos gestos. Sentir indefinidamente multiplicado el placer sabiendo que de él participan todos los mortales; diluir las desgracias que uno tenga en el acervo común del dolor, en eso consiste la santidad nueva, del mismo modo que el heroísmo de hoy no es más que un ejercicio de humildad: entender que toda la humanidad está haciendo fuerza cuando levantas un papel del suelo. El asesino que campa triunfalmente en un barrio de Nueva York y el monje con la bata de azafrán que a la sombra de un magnolio imparte enseñanzas analgésicas en la ladera del Tíbet, ambos constituyen dos caras de un poliedro, en cuyo interior la crueldad del mundo y la vastedad de su gloria conviven formando una misma sustancia. No estás solo. Infinitos seres se alimentan de tu angustia, infinitos seres generan la dulzura que te sustenta.

El viaje

Las cabras egipcias han devorado gran cantidad de papiros, que contenían profundas enseñanzas, largos viajes. Algunas tragedias de Esquilo también se han perdido, y en ignoradas vasijas se pudrieron muchos versos de Píndaro, varios fragmentos de Horacio. Son innumerables los textos de autores clásicos que se han extraviado, y a ese destino se unen las palabras de los sabios pronunciadas bajo los pórticos que el viento disolvió. Existen en oscuras cavernas del desierto ciertos pergaminos esperando todavía a un beduino deslumbrado, y en ellos tal vez están grabadas las reglas de una mística hoy desconocida; tampoco han sido exploradas las mazmorras de aquella biblioteca donde en legajos nunca leídos se guardan historias de amor conjugadas con fórmulas de veneno. La sabiduría está depositada en ese residuo de papeles que el azar nos ha deparado. A través de ellos has conocido el nombre de algunos dioses y un número determinado de pasiones, navegaciones, crímenes, cánticos y la métrica de los puñales. Pero escrituras no reveladas, voces secretas y documentos inexplorados arden al otro lado de la memoria. El viento trae todavía por el seno de los barrancos, junto con el sonido de las chicharras, los gritos de los profetas que se perdieron. Ha habido otras coronaciones en Creta, otras biografías de Suetonio, otros tercetos de Dante Alighieri, confundidos con el polvo, otros asesinos anónimos que alcanzaron las estrellas. Tú mismo has sido un intendente del faraón que estabas fermentando en una tumba de alabastro en Menfis, aunque lo hayas olvidado. En aquel tiempo las cabras egipcias ya se alimentaban de papiros. En uno de ellos alguien había trazado tu ruta para atravesar la región de los muertos, y cuando la cabra lo devoró, te hallabas en mitad del viaje por las tinieblas y, de repente, quedaste extraviado. Después de varios milenios ahora acabas de aparecer en esta terraza del bar donde nos habíamos citado para tomar un refresco y charlar de cosas intrascendentes.

Es subyugante el cúmulo de sabiduría que se ha olvidado por haberse perdido.

Proyecto

Fue una maldición que el chico terminara la carrera de arquitecto. Antes sus padres vivían en una casa de payés encalada cuyas paredes durante dos siglos habían creado un interior profundo que olía a manzana. En el corral había una higuera y un limonero. Mientras el vástago de esta humilde familia de labriegos estudiaba en la ciudad las teorías de Mier van der Rohe, de Otto Wagner y de los vanguardistas más audaces, en aquel corral florecían cada año los rosales junto al gallinero. Había sido un alumno aventajado, pero aun así no encontró trabajo al finalizar los estudios. Sus padres con gran sacrificio le dieron una salida y el hijo sólo quiso rendirles un homenaje realizando para ellos un proyecto que fuera a la vez una prueba de amor y de audacia. La casa familiar fue derruida. Desaparecieron las frescas estancias por donde corría la brisa después de inflar las cortinas de flores. También se ausentaron los antiguos perfumes que dormían en las arcas, los matices de luz que la cal arañada había dejado entre las vigas. Sobre este derribo creció un cubo de acero y cristal de tres alturas y allí donde antes maduraba la higuera y el limonero en medio de gallinas, rosas y conejos ahora volaba una proa muy aérea con un bauprés que luego sería el dormitorio principal. El nuevo arquitecto en aquel espacio tramó un ideal de volúmenes transparentes y colgados que se unían con una escalera de metacrilato sin pretil y cuando la obra estuvo terminada los labriegos la habitaron con una mezcla de orgullo y terror. Han pasado ya algunos años. Vestidos de negro, él con boina, ella con pañuelo y delantal, ambos se hallan encaramados desde entonces en lo alto de un espigón de cristal que hace de mirador y todavía no han osado bajar de allí, aunque los bomberos se han prestado a ayudarles. Gozan de una espléndida panorámica. Sentados en sillas de Phillip Johnson, desde allí divisan todo el campo de coles y berenjenas, pero éste ya no les pertenece. Hubo que venderlo para que el chico lograra realizar su único proyecto.

Moneda

Una civilización puede salvarse por una vasija rota, por un denario enterrado, por una estatua sumergida en el mar. En cualquier siglo de oro, las pasiones de los hombres conviven con los grandes mármoles, y las monedas de curso legal iluminan el corazón de los mortales con un fulgor alimentado por las palabras sagradas de los levitas, mientras los artistas esculpen a los héroes, fabrican en barro diosas de la fertilidad o diseñan tarros para mermelada. Eso constituye la cultura que el tiempo cubrirá de polvo. Las pasiones se diluyen en la memoria, las palabras sagradas se convierten en el flato de la historia junto con el viento, los gestos sangrientos de las espadas desaparecen, pero las espadas mil años después son halladas en el sustrato donde se produjo la matanza y los excavadores descubren en ese mismo plano los plintos, los dracmas, las vasijas rotas y no las calaveras de aquellos seres insensatos que conviviendo con ellas reían, firmaban pactos eternos, blasfemaban, engullían salazones, se enternecían con un amor delicado y daban estocadas. La vida de estos fantasmas puede ser reconstruida a partir de una moneda herrumbrosa que mil años antes fue intensamente sobada por el deseo. Si una civilización se salva a veces por un hermoso tiesto, ¿qué residuo va a dejar este final de milenio en España para que nuestra existencia sea advertida por la posteridad? Cuando en el futuro esta sociedad se encuentre sepultada con todas sus pasiones y enseres a cincuenta metros bajo tierra y en esa capa ya no queden ni sepulcros, algún arqueólogo dentro del légamo verá brillar una dorada moneda de quinientas pesetas e, ignorando de nosotros todo lo demás, comenzará a levantar o imaginar una cultura alrededor de ese bello doblón. Pensará que en un tiempo muy remoto hubo en este país unos pobladores que amaban la libertad, se vestían de lino y vivían en democracia, aunque los historiadores no cuentan nada de ellos. El arqueólogo tramará un sueño que luego será una lección para los escolares, y éstos creerán que fuimos felices.

Manzana

Seguramente todas las flores que has olido, los alimentos que has saboreado, los paisajes que has visto, los seres que has amado, los objetos que has acariciado, las horas que has ido navegando por un mar de dulzura o atravesando de noche los sueños forman la sensación que tú eres, y en su interior todavía está aquella manzana que abandonaste en la adolescencia. Ningún destino adverso podrá nunca arrebatarte la dicha pasada, pero la sustancia del hombre sólo es un nudo de aire que se va disolviendo ante la muerte mientras la memoria sangra. Nadie podrá herirte si levantas un bastión con los deleites que fueron exclusivamente tuyos, y en ellos te refugias. Era tal vez un momento de la tarde en la canícula, y había una persiana verde que matizaba la penumbra de cal en la habitación donde leías esta historia, y fuera sonaban las chicharras, los escorpiones tenían la boca abierta bajo las piedras. También se oía el crujido de una mecedora blanca en la galería balanceando a aquella niña que murió. ¿Qué habrá sido de ella? Junto con todos los muertos que te han rodeado hasta ahora, aquella niña que contigo nadaba desnuda en la cala se convierte en una rosa amarilla cada primavera en la tapia, y no es distinta de la materia que percibes al rozar tu frente con la yema de los dedos, ni podrías separarla del perfume de apio o de hierba luisa. Durante la adolescencia, en aquella penumbra verde de la habitación aprendiste que todas las flores del jardín fueron en otro tiempo los seres vivos que amaste. Mientras el mar batía las rocas, aprendiste leyendo que la vida consiste en ir muriendo y sólo se alcanza la sabiduría cuando uno incorpora a la muerte los placeres de cada día. ¿Dónde estará ahora aquella niña que se balanceaba? En la casa de cal había un arcón donde dejaste una manzana que al pudrirse formó un círculo sobre la tapa. Si te atreves a abrirlo, descubrirás que contiene todo cuanto eres: el efímero aliento formado por lo que amas, aquello que los muertos que te amaron han dejado en tu memoria.

Museo

En cada sala de aquel museo de pintura había una mosca imperial que controlaba el espacio aéreo y en el fondo de los pasillos dormitaba siempre el mismo vigilante junto a un brasero con una manta en las rodillas. El polvo era la única visita, pero eso no significa que aquel museo estuviera muerto del todo. Debido a la prolongada soledad, algunas figuras de los cuadros a veces abandonaban la pared y se ponían a jugar a la baraja con los bedeles en el suelo formando corros afines, y entonces, en el recinto, sonaban carcajadas e imprecaciones de reyes, santos y gentileshombres. Dos siglos estuvo aquel museo entregado al sueño. De pronto, sus escalinatas y zaguanes comenzaron a llenarse de mochilas. La pintura acababa de ser declarada objeto de degustación universal y por todos los caminos del continente bajaban ahora sucesivas oleadas de amantes del arte con un saco en la espalda. Aquel museo se había convertido en un lugar de cita preferente en la ruta migratoria. Hasta allí llegaban los consumidores de cultura a granel, innumerables excursionistas a pie y otras hormigas voraces. La dirección tuvo que habilitar una sala para que tal gentío pudiera depositar el equipaje en la entrada, y esto creó en seguida una gigantesca montaña de mochilas que ya nunca dejó de crecer. La avalancha de fardos que se multiplicaba en consigna tomó vida propia y no hubo modo de pararla. Primero invadió el vestíbulo, después fue ganando la planta principal y al cabo de cierto tiempo se hallaban varias galerías cegadas con diversos estratos de macutos, y éstos, al subir de nivel, habían sepultado todas las obras maestras. En la puerta del museo había a cualquier hora una inmensa cola petrificada, y estos adoradores acarreaban un nuevo bulto en la espalda. La dirección tomó una decisión tajante. Retiró todos los cuadros y dio paso franco a las mochilas de plástico, y entonces, el museo, después de dos siglos de silencio, tuvo de pronto su sentido, puesto que cada una de aquellas mochilas transportaba un sueño. Sobre él volvió a volar la mosca imperial.

Arte puro

La crisis del mercado del arte ha devuelto la pureza a los ojos. Sin adherencias monetarias ni rápidas plusvalías que enturbien la mirada los cuadros han recobrado su auténtico valor: ese que sólo produce en el espectador una emoción estética sin otra ganancia que el placer de experimentarla. Al final, con el arte pasaba lo mismo que con la droga. Cuando se captura un alijo de heroína la noticia siempre hace referencia no al daño que hubiera causado, sino al dinero que habría movido en la calle. Hasta hace poco cualquier información sobre arte inevitablemente venía acompañada de un baile de millones, de modo que al contemplar una arpillera de Millares o un calcetín de Tàpies uno trataba de descubrir el botín que se escondía dentro de esos harapos. Con la parálisis del mercado la belleza ha sido de nuevo liberada. Los especuladores han desaparecido, las aguas turbias han bajado a su antiguo cauce y, de pronto, el coleccionista observa aquel cuadro tan valioso colgado en la pared de casa y sabe que ahora en verdad no tiene morbo monetario; nadie

La putrefacción del arte es el dinero.

le daría ni la mitad del dinero que pagó por él, pero ese garabato de Miró comienza a valerse por sí mismo y libre ya de la pesada carga que la codicia le había impuesto, las formas, los colores del óleo van incidiendo con toda nitidez en la sensibilidad de este espectador hasta que nace entre ellos dos un amor desinteresado. No se explica cómo esos azules divinos pudieron ser mancillados por aquellos cheques bancarios ni cómo estos amarillos tan puros tuvieron que ser protegidos por unos guardias con pistoleras en aquella subasta donde los compró. Ahora visita los museos y las exposiciones guardando un silencio igual de profundo que antes, aunque éste ya no deriva de la riqueza que allí se acumula sino de la magia que la belleza libera en la atmósfera. Un trapo ensangrentado de Millares, un calcetín roto de Tàpies, alcanzan así una cima incontaminada. Otros muchos cuadros sólo eran dinero, debajo de ellos no había nada y en nada han quedado.

Creación

El tipo que hizo este perro mundo se cree un dios. Cualquiera en su lugar, por pudor, hubiera callado, pero él insiste a través de sus representantes en la Tierra en reclamar para sí toda la gloria de este invento. Respetémosle la patente. El tipo montó la vida sobre la muerte, de modo que es imprescindible matar para vivir; cinceló el dolor en la carne de sus criaturas con el gusto de un orfebre; también les regaló la abyección moral. En el camino hacia la destrucción sembró algunas flores y supo imaginar la crueldad como una de las variaciones del placer. Luego mandó que el sol cada mañana se paseara con cierta lentitud por encima de su obra. Los pájaros comenzaron a cantar y todavía no han parado. Ante semejante situación caben algunas posturas: hincar nuestras rodillas en el basurero y entonar alabanzas en honor al fabricante de este tinglado; colaborar con él arrojando cuellos de pollo en las cunetas, espumarajos de petróleo al mar y toda clase de ponzoña en el aire, hasta completar el exterminio total del planeta, o trazar en señal de protesta una línea imaginaria de belleza, convertirla en una barricada y construir detrás de ella un sueño desesperado. Si allí un día decides apartar la suela del zapato para respetar la vida de una hormiga, serás más imaginativo que el supremo creador, y ese acto de compasión se convertirá en una provocación universal. Después, con la ternura podrás levantar un nuevo reino en medio de la ruina de todos los seres. Adorar a las lechugas antes de devorarlas, sentirte hermano de los tiburones y de los berberechos, llorar de emoción contemplando el musgo de la pared cuando la aurora lo ilumina, reflejar tu alma en los ojos de un perro, caer de hinojos ante cualquier sembrado y coronarte de ajos, saber que tu cuerpo es también el fondo del mar lleno de algas y peces fosforescentes, burlarte de la suerte de morir para hacerte inmortal sólo lo que dura el salto de un delfín. Cada mañana un mundo mágico a tu imagen y semejanza volverá a crearse a partir de un sentimiento de piedad. Ésta es la última barricada.

El jardín

He vuelto al jardín que abandoné al final del verano, cuando comenzaron las lluvias. Después de tanto tiempo la cancela estaba llena de herrumbre. Las hojas amarillas ya habían fermentado en la pradera, formando con la hierba muerta un tapiz delicadamente podrido que humeaba, y las hayas desnudas extraían un aroma de madera mojada. Había muerto un enebro, y el vendaval había derribado el copo de la madreselva, llevándose también la caseta del perro hacia la alberca vacía. Bajo los pinos vi el columpio parado, la mecedora rota, y entonces recordé las risas del verano con los amigos en las tumbonas, pero ahora el musgo de la balaustrada condensaba la niebla, y ésta goteaba sobre la nostalgia de aquellas horas pasadas allí soñando. En el jardín hibernado he encontrado algunas páginas putrefactas de un periódico fechado en septiembre que se había constituido en parte del humus en el césped. Con un bastón aparté el estiércol depositado en ellas y aún pude leer la noticia de un famoso crimen ya olvidado, anuncios de inminentes catástrofes que no se cumplieron, declaraciones inútiles del Gobierno que en su día se creyeron trascendentales, la apasionada historia de un amor adúltero que luego resultó frustrado. Sobre estos hechos había caído el agua de otoño, la helada de invierno, hasta convertirlos en abono, como el sueño de la vida resbala por el alma transformándose en su alimento. El periódico de hoy también trae noticias semejantes. Tres casos de sangre, luchas sindicales, proezas de unos célebres amantes y vaticinios acerca de una próxima hecatombe política y otras desgracias. Mientras el jardinero preparaba el césped con el mantillo para la primavera, he dejado allí el periódico de hoy abandonado. La naturaleza está a punto de germinar. Pronto despertarán todas las raíces, estallarán las gemas, y cuando, en verano, vuelva al jardín hallaré tal vez estas noticias enterradas, y el tiempo las habrá fermentado. Sobre su estiércol, que es nuestra memoria, cada uno podrá cultivar las rosas más secretas.

El mejor nitrato son los crímenes y las malas noticias.

La explosión

Cuando aquel átomo que concentraba toda la materia celebró su Gran Explosión estabas allí formando parte de ese átomo que algunos han llamado Dios. Desde aquel momento Dios no ha hecho sino expandirse por el vacío dejando atrás algunas condensaciones y esa energía aún va de camino por el universo impulsada por el propio sueño dentro del cual habitas en compañía de todos los minerales disparados sin que tu alma se distinga de ellos. Al amparo de un magnolio, en el templo del Buda de Jade en Shanghai, un día interrogué a un monje de túnica marrón. Era tan viejo que ya había muerto hace mil años, pero aún me miraba con las linfas amarillas adivinando mis sombras. Le interrogué acerca del destino y el monje me contestó que el destino de los humanos venía marcado por una onda expansiva que procedía de una lejana detonación, de modo que la libertad no podía ser entendida fuera de ese río de materia que había generado. Se llama sabios a aquellos cuya conciencia se ahoga en esa corriente hasta confundirse con ella alcanzando así la lucidez y pro-

ir de vuelo, esa es la explosión mística de S. Juan de la Cruz.

fundidad de los minerales. La enseñanza de aquel budista fue un bálsamo para mi desaliento: me consoló saber que yo había vivido ya en todas las formas posibles de la materia y que la presente historia no era sino una representación que ya había salido mal un número infinito de veces. Junto con el carbono, el sodio y el ácido nítrico, en el interior de aquella Gran Explosión ya estaban concentrados todos los criminales que aún carecían de nombre, las pasiones de todas las vírgenes, lo que en el futuro se llamaría amor y también todas las modalidades del mal, al lado del silencio de los astros muertos o en llamas. Cualquier emoción que uno tenga, cualquier dolor, ha pasado antes por la carne de todos los que nos seguirán viviendo. En este instante en que levantas la copa con absoluta desgana piensa que detrás de este gesto vano hay un Dios que se está dilatando y no puedes hacer nada para evitarlo aunque bebas tal aguardiente contigo dentro.

Gran resaca

Y cuando la Gran Explosión haya perdido toda su energía con la que creó el universo, tal vez por efecto de una gigantesca resaca el universo volverá a reducirse durante otro ciclo indefinido hasta concentrarse de nuevo en aquel átomo inicial que fue la primera causa, y entonces otra Gran Explosión producirá un universo distinto donde el sueño de cada uno se realizará también un número infinito de veces. Ahora la materia va de ida y es Dios que se expande: en ese camino esporádicamente su fricción ha encendido nuestra llama un instante con todos los destinos posibles ya cumplidos. Cuando Dios venga de bajada, buscando la unidad del átomo primordial, nuestra existencia se repetirá con todos sus sueños desarrollados en sentido contrario. Es indescifrable la cantidad de grandes explosiones y deflagraciones que ya nos han engendrado, el número de viajes que hemos realizado entre la materia y la nada, e igualmente sería imposible conocer si en este día último de mayo de 1992 estamos muy lejos todavía de que llegue Dios de retorno a rescatarnos del vacío para llevarnos de nuevo vivos al seno del primer átomo, pero sin duda eso sucederá, y entonces la vida será como un tejido que se vuelve del revés. Hay una señal que indica nuestro paradero: si ves que cada mañana te levantas más escéptico, más viejo, con menos esperanza, es que te estás destruyendo en el universo; si a medida que pasan los años tus ojos se vuelven más brillantes, tu carne es más fresca y tu espíritu se hace tan limpio que alcanza la total inocencia, eso significa que avanzas en dirección del alma hacia el vacío como parte de Dios que se está contrayendo. Mientras me tomo un *campari* pienso en estas cosas inútiles, pero la gente pasa por delante de la terraza del bar, e imagino que en el rostro cada uno lleva un sello de ese eterno retorno. No todos van a morir. Algunos de estos seres circulan hacia la sepultura; en cambio, otros vuelven en busca del vientre de su madre y por eso a mi lado ríen a carcajadas y parecen felices.

Ficha roja

Al anochecer una dama vestida de blanco llega todos los días al casino de juego; se acerca a una mesa de ruleta y saca del bolso siempre la misma ficha roja muy gastada. Los empleados sonríen. Ella deposita la pieza entera a pleno cuando la bola está girando y ya no cabe la posibilidad de que otros jugadores puedan imitar su gesto. Después de dar infinitas vueltas por el universo, la bola comienza a perder capacidad y finalmente cae de modo ineludible en el número que la dama ha elegido. Sólo apuesta una vez. Algunos dicen que es la muerte al verla así tan pálida dominando. La dama recoge las ganancias pero nunca cambia en moneda la ficha escarlata con la que ha jugado. Luego desaparece en la noche y al día siguiente vuelve al casino cada vez más hermosa a causa de tanta suerte. Se cuentan extrañas historias acerca de esta mujer. No se puede acertar una jugada única a pleno todos los días durante un año entero a la misma hora de la tarde sin que cunda un rumor del más allá entre los amantes de la fortuna. Unos creen que la misteriosa energía se halla en la

Jugaba desde la otra parte. desde la muerte.

mente de esa dama desconocida. Otros piensan que la virtud emerge de la propia ficha escarlata y por eso su dueña nunca la abandona. El director del casino no ha osado formular a la mujer ciertas preguntas ni ha intentado interrumpir con algún método inconfesable una racha tan fascinante. No lo expresan abiertamente, pero algunos saben que la muerte anda merodeando en torno a esta representación. Hubo una vez un salteador de tumbas que encontró entre los despojos de un cadáver una ficha de ruleta, la cual pasó a manos de su amante. En la oscuridad del sepulcro la ficha había conocido todas las posibilidades del azar y en ella quedó grabado ese punto del infinito en que todos los números coinciden. Pero el salteador de tumbas y su amante han muerto también. Eso está demostrado. Ahora sólo queda por descifrar quién es ella. Quién es esa dama que guarda la ficha roja como el sello de la verdad para depositarla un instante cada tarde sobre el sueño deseado.

Arte

Dios creó al hombre, Giorgio Armani lo vistió, Leo Castelli lo hizo artista y Paul Getty lo compró. A través de esta ficción circula el dinero arrastrando a la belleza, y al final de semejante teatro uno queda confundido. Tal vez Dios era un modista de alta costura lleno de frivolidad, y el que manipuló con hondura el barro de Adán fue realmente Leo Castelli. Tal vez el arte se mueve hoy con el poderoso instinto de un capricho de temporada a la manera de un mundo hecho a imagen y semejanza de Armani, pero es seguro que la fortuna del petróleo que Paul Getty unió al espíritu ha convertido la pintura en una pasión demoledora. Las arpilleras de Millares parecen los despojos de un mendigo arrollado por un tren. Una exquisita materia de Tàpies podría servir de pared en un infame prostíbulo. Un monstruo de Saura, un holocausto de Kiefer fabricado con paja quemada, un feto de Francis Bacon que cabalga una taza de retrete, no dejan de ser emblemas para una cámara de los horrores cuando uno contempla esas obras con la virginidad en los ojos. ¿Quién las ha transformado en sustancia de los sueños? El propio artista o el omnipotente galerista que ungió a éste con su dedo. El amor del esteta, el deseo del coleccionista o la codicia del especulador. Si mañana Leo Castelli, Bruno Bischofberger y Lucio Amedio, los tres grandes modistas del arte, magnates del gusto, compraran a la vez un cuadro de un pintor malo y desconocido, éste se convertiría en pocas semanas en un valor ensalzado por los críticos, en una mercancía deseada y convencional. Por suerte, la última vanguardia no tiene precio. Consiste en ser maravilloso y exhibirse uno a sí mismo como obra de arte en la inauguración de una muestra del pintor de moda. Sus cuadros están en las paredes, pero eso no tiene importancia, ya que la verdadera representación se realiza sobre el pavimento de la galería o del museo. La pintura sólo despierta admiración si es muy cara. También tú debes hacerte inasequible si quieres desatar pasiones venenosas. Absténganse los mayores de 30 años.

Hoy el arte está comenzando otra vez desde la nada.

La bondad

Lo último que se lleva es ser bueno. No existe nada tan moderno como la ternura del corazón. He aquí la novedad: si quieres pertenecer al círculo de los seres más refinados no hables nunca de política ni de dinero, pon cara de mermelada ante cualquier acto de violencia, hazte erudito en algo raro del siglo XVIII y muéstrate histérico ante detalles sin importancia; por ejemplo, cuando a tu perro le salga un eczema en una pata. Vuelve a estar de moda la bondad clásica. Bajo la luz dorada del otoño sonarán los hierros en la calle y seguirán ladrando al aire las sirenas de la policía, pero yo te aseguro que los hombres duros ya no venden nada. Se han convertido en simples antiguallas el cuero negro, los garfios, las polainas, las gorras de plato, las prácticas de tiro, las armas de cualquier clase y también el cinismo estético, la bilis, el gesto hosco, la palabra agria y ese desprecio que se vierte por un lado de la boca. La ira hoy resulta vulgar. Si deseas ingresar en la nueva minoría selecta, primero tienes que ser buena persona; después tienes que calzar zapatones y vestirte con ropa ajada; finalmente cumplirás estas reglas. De política sólo hablan los que viven de ella, aquellos que se sienten agraviados o esperan una subvención. Ignórala. Alcanzarás la perfección el día en que olvides el nombre de todos los líderes. Por otra parte, los socialistas han inoculado en el alma de los hidalgos españoles, junto con el individualismo más salvaje, un inmoderado afán de lucro. Los grandes especuladores son nuestros máximos héroes. Acomodar la vida al margen del dinero será para ti el signo de la suprema distinción. Y de esta forma, mientras la violencia florezca en el asfalto, tu obligación consistirá en sonreír, cultivar a los amigos, ensayar nuevos postres caseros en las tardes de domingo, sentirte apasionado por la felicidad de tu perro, recobrar la ternura, ser generoso y no esperar a cambio sino un dulce sentimiento compartido. Si encima te conviertes en un especialista de algo del siglo XVIII que no sirva para nada se podrá decir que eres moderno.

Sirvientes

La criada polaca se ha puesto los cascos para escuchar la sinfonía número 7 de Bruckner, mientras friega los platos en la cocina, y en ese momento su señora está contemplando con la boca entreabierta en el televisor del salón un serial de sobremesa donde el hijo acaba de dejar embarazada a la amante de papá. Ante el fregadero la chica piensa que esta versión de la Staatskapelle Dresden, dirigida por Herbert Blomstedt, no es del todo acertada, porque los metales en el adagio hieren demasiado a los violines, pero la criada sabe que Bruckner, en la séptima sinfonía, trataba de expresar su concepción de la naturaleza y la religión por medio de contrapuntos audaces y elaborados. En el serial del televisor, la mujer adúltera de pronto descubre que tiene un cáncer de mama, y eso hace estremecer al ama de casa, la cual vierte lágrimas de compasión sobre su bata guateada allí mismo, en un sofá que comparte con dos hijas universitarias igualmente compungidas. El marido de la chica polaca es ingeniero aeronáutico por la Politécnica de Varsovia, y trabaja también para esta familia de La Moraleja como jardinero y mecánico, aunque a veces arregla los plomos y saca a pasear al perro. Habla cuatro idiomas y, si bien adora ante todo a Elías Canetti, ahora está perfeccionando el castellano con los relatos de Borges, que lee al volante del coche cuando su señorito, un distribuidor mayorista de tripas de res, lo deja esperando en segunda fila durante las horas que dedica a jugar a los dados en una tasca. A este joven polaco le fascinan los laberintos de espejos, los tigres y cuchillos de Borges, pero interrumpe la lectura, salta como un muelle y obedece si al tripero se le antoja mandarlo a comprar tabaco. Del mismo modo, la criada, que es filóloga, después de fregar los platos deja de escuchar a Bruckner y comienza a pelar patatas oyendo ahora un concierto de Haendel en re menor, dirigido por Iona Brown, mientras su señora se dispone a seguir la evolución del cáncer de matriz de otro putón en otro melodrama. No hay lucha de clases.

Alfonso I

Según entras en el café Gijón a la derecha, lo verás sentado en un taburete dando la espalda a su taquillón de tabaco y lotería. Se llama Alfonso, que es nombre de rey o de banquero, pero con esa chaqueta azul ferroviario tiene el aire de un maquinista de la General, aunque muy duro de pelar. Viene de casta de la FAI, alumbrado en Barruelo de Santullán, pueblo minero en tierras de Palencia, y si bien el día en que nació no hubo ninguna señal en el firmamento, alguna corneja de buen agüero se levantaría por la diestra del camino cuando los padres trajeron a Madrid a este vástago anarquista recién cristianado. Aquí fue botones de hotel, albañil, forjador, tendero de ultramarinos. Vendió zapatillas por las plazas voceando, trabajó en la industria del vidrio soplado y en otros oficios de la España profunda. Ahora Alfonso, desde su taquillón de tabaco, conduce el viejo vagón del café, este convoy del Gijón, lleno de humo y siluetas de quebrantada gloria. En él viajan chulos, periodistas, fantasmas, poetas, viejos enamorados, jóvenes que sueñan, gente feliz o derrotada, y al final de la travesía de cada tarde Alfonso deja a todo el pasaje en la otra orilla de las tinieblas, y entonces pliega el estanco, hace un arqueo sucinto y vuelve a Vallecas atravesando indemne un jardín de navajas, donde cualquier *David* de Miguel Ángel podría abrirle una flor en el costado si él no se defendiera sólo con una mirada aún más dura que el acero. He quemado una parte de la memoria en ese tren viendo pasar la existencia por el cristal de la ventanilla. Durante el trayecto he conocido algún pliegue del alma humana, pero ninguno tan soberano como el de Alfonso el cerillero, que fue a la vez mi banquero y guardaespaldas, recio y desvalido. Mientras el mundo a nuestro alrededor se hundía, él ha sonreído, en medio del tiroteo dormitaba con desdén, ante la desdicha nunca tembló. Yo me apeo en la próxima estación. Desde lejos en la mar siempre divisaré su figura impasible sentada en el café Gijón, lleno de niebla, en esa nave que seguirá viaje por la estratosfera de asfalto.

Kundalini

Todas las personas tienen una serpiente enroscada en la base del coxis. Se llama Kundalini. Normalmente está en letargo. De un modo inconsciente el ser humano se sienta sobre ella pero sólo los elegidos son capaces de despertarla. Kundalini siempre responde a la llamada cuando uno la reclama por medio de la oración. Entonces la serpiente con mucha lentitud se libera y luego comienza a subir por la columna vertebral. Lleva una gran carga de energía en su pausada ascensión: con ella va abriendo de camino hacia el cerebro algunas regiones del cuerpo donde residen fuerzas insospechadas. Primero atraviesa con suavidad la chacra de la procreación en cuyo pozo nadan los peces oscuros de la libido y de ellos toma todo su vigor para transferirlo al plexo solar, desde el cual se gobiernan los humores más armoniosos del estómago. Si la oración es profunda, Kundalini logra introducir su cabeza líquida en el cero exacto del diafragma, que es fuente de todo equilibrio, y a través de esa burbuja se escurre la serpiente hasta alcanzar el corazón y allí se detiene formando a su alrededor algunos anillos de oro. Hay que permanecer muy concentrado, habiéndolo olvidado todo y no deseando nada, para que la serpiente pueda elevarse por el interior de la nuca y llegar al fondo del cerebro. Si uno permanece largo tiempo con la mente en blanco, sin deseo alguno, Kundalini finalmente muerde un bulbo muy íntimo y de pronto se abre el loto de los mil pétalos en el cráneo. Algo muy fuerte estalla allí dentro mediante la fusión del vientre y el seso que ha unido la serpiente. Lo he conseguido a medias una sola vez bajo estas palmeras y no recuerdo un placer que se pareciera tanto al vacío, tan cegador, tan intenso. Desde ese momento no hago sino alimentar a Kundalini, pero ella sólo se nutre de renuncias. Uno se va haciendo más fuerte a medida que menos cosas desea. Al final te quedas a solas con la serpiente, convertida en un eje de diamante dentro de ti, y ya nadie puede doblegarte excepto su propio placer.

Posesión

Nunca aquel intelectual estuvo tan brillante como esa mañana en la cabecera de la pista del aeropuerto de Francfort cuando comenzó a explicar a la compañera sentada a su lado en clase preferente que ese viaje en avión juntos con destino a Milán iba a ser un acto de posesión entre los dos. Mientras el avión calentaba motores con enormes rugidos, el intelectual, sin ningún pudor, insinuó a la dama que semejante furia era la berrea que el deseo producía y la animó a considerar el despegue como si se tratara de una poderosa erección. El aparato levantaba su volumen aerodinámico con suma fuerza hasta las nubes y la pareja de nuevos amantes iba recostada en las butacas subiendo, aunque en ese momento sólo él sentía que el fuselaje del avión era una parte de sí mismo que se le escapaba por el vientre. Ella contemplaba con admiración semejante milagro y pronto entró en el juego. Pudo considerar por un instante que aquel intelectual se excedía sobremanera en la valoración de sus genitales, pero la mujer sonrió con cierta curiosidad cuando él le dijo que en el aire toda hembra es la Tierra. Ambos se cogieron de la mano. Durante el vuelo, que no fue muy largo, estos amantes desconocidos hablaron de fantasías amorosas, las cuales acrecentaban su pasión a medida que el viaje iba alcanzando el final. Ahora el avión había iniciado el descenso casi en picado entre bramidos de deseo, y abajo estaba la tierra húmeda, llena de lagos abiertos esperando ser poseída. Al oído, el intelectual le murmuraba a la dama que la convulsión de los motores era la medida de su amor por ella, y abrazándola le pidió que se contemplara a sí misma tendida como aquel valle que se veía por la ventanilla, una profundidad a punto de ser penetrada. Cuando el avión tocó la pista, la mujer sintió un golpe en las entrañas y a continuación sonaron alrededor unos confusos gemidos de placer que no cesaron hasta que el aparato llegó a la terminal del aeropuerto. Allí los amantes recogieron el equipaje, se despidieron y ya no se han visto más.

La savia

Las lluvias caídas durante el tiempo de pasión habían formado en los caminos entre naranjos algunas charcas donde abrevaban las primeras avispas y aquellas libélulas que dejaban en la superficie del agua un polvo de menta o de oro. Al mercado acababan de llegar las habas de leche y crecían los espárragos en las márgenes floridas de las acequias. Dios estaba a punto de resucitar. Eran brotes de soja los espermatozoides de los adolescentes y las muchachas tenían los óvulos pintados de púrpura con constelaciones grabadas en ellos, pero en aquella mañana azul de la infancia el sexo olía a azahar, a pólvora, a sudor de caballería. De todas las tahonas subía una profundidad de pan antiguo con levadura nueva, se iban dilatando en el interior de los surcos los ajos de nieve, el bulbo de los lirios; y el cadáver de cualquier ungida deidad, hombre o animal que estuviera también enterrado sentía alrededor de su calavera el rumor de la savia en todas las raíces. Cerca estaba el mar. En el mar había una cala deshabitada con barcas varadas color de rosa. Bajo el humo dormido, en el interludio del oleaje desde allí se oían campanadas de gloria. Dios acababa de resucitar en medio de un hedor de algas podridas y entonces los gritos de las gaviotas se confundían con la luz y ésta con el estallido resplandeciente de la sal contra el farallón que contenía grutas como la propia memoria llenas de peces iridiscentes, estrellas y flores negras sangrando en el agua. Derramando espuma galopaba un caballo desbocado por aquella playa desierta para celebrar la resurrección. Cualquiera puede llevar dentro de sí mismo sepultada la imagen de este caballo y junto a ella el perfume de una fruta lejana, un sueño que no se cumplió, la visión de una bahía abandonada, todo eso que desde la niñez ha ido creando un dios interior. Entre el estertor de las raíces cualquiera puede resucitar ahora. Basta con elegir aquel instante de tu vida en que fuiste feliz y convertirlo en una nueva y furiosa cabalgada.

A un amigo

Existen varias razones para no suicidarse: una es la luz de otoño, otra es cualquier arroz bien guisado. No te negaré el derecho a quitarte la vida después de haberlo merecido tanto, pero si la gloria te ha abandonado, aquí, junto al mar, están ahora las granadas maduras como bolsas de cuero llenas de rubíes en el árbol esperando que te ahorques a su lado. En este momento arriban a puerto las barcas de pesca, y muy pronto, en la lonja, comenzarán los alaridos alrededor de las cajas de salmonetes, mientras en el borde de la dársena unos filósofos con caña echan el anzuelo en las aguas de oro podrido. Antes de bajar al infierno podrías darte una vuelta por aquí. Como teólogos suecos con chubasquero buscando sentido a la vida, bajo el temporal caminaremos por la playa vacía sobre las algas fermentadas, y si al final del trayecto no encontramos a Dios, podremos sustituirlo por un arroz a banda. En medio de los naranjos de Ondara hay una papisa valenciana cuyo nombre es Pepa, la cual oficia el sagrado misterio del arroz con la máxima profundidad. Sin duda verás tu salvación en el fondo de sus calderos, y si Dios no está allí será porque se ha ido al Pegolí a bendecir las gambas rayadas o se halla en Casa Gavilá, donde el señor Jaime, que es un Von Karajan con cuchara, lo va a convertir en arroz guisado con tinta de calamar. Aunque estés sin amor y olvidado, podrás coronarte con esta luz de otoño tan dulce que el Mediterráneo ostenta en Denia sobre la frente de los viejos marineros varados, y de ellos, en los bares del malecón, escucharás historias de navegaciones y otras suertes de la mar a cambio de nada. Pequeñas sensaciones naturales irán creando humo dentro de la memoria hasta confundir tu orgullo, y cuando el gregal vuelva a azotar el espigón, ya no recordarás que un día deseaste el amor o la muerte. Aquí la puesta de sol es tan bella que a veces la gente aplaude. Tráete dos camisas blancas, unos pantalones recios contra el salitre, un libro de Virgilio. Yo pondré el aceite virgen de oliva para las ensaladas.

Teorema

Antes de que llegara la modernidad, en los cuadros había vírgenes, batallas, dioses desnudos, retratos de reyes y el espectro de la muerte con un paisaje detrás, pero ninguna figura podía abandonar el lienzo, puesto que entonces las formas aún no volaban. La pintura estaba limitada por el marco, la escultura nunca iba más allá de su volumen y la muerte no tenía los ojos verdes ni caminaba descalza por la playa entre barcas varadas. Los artistas ungidos eran los únicos comisarios del arte. No obstante, en el inicio del siglo XX se produjo la primera rebelión: los personajes de los cuadros un día bajaron de las paredes del salón y se sentaron a la mesa del coleccionista para desayunar con él. De pronto todo el arte se desbordó por los límites y comenzó a desarrollarse fuera de la copa donde había germinado hasta quedar integrado en el ámbito y en la vida del espectador. En adelante ya no podría entenderse la pintura si no era en función de un espacio o de un estado de ánimo, ni la escultura tendría nunca sentido al margen de las colinas del jardín o del alma. Asimismo,

Mozart, después de conquistar las esferas, entró por el hilo musical en los urinarios públicos y la danza puso a arder el corazón de la multitud en los grandes espectáculos. De este modo se preparó el camino de la última revolución estética mediante la cual el consumidor de arte se ha convertido ahora en el artista propiamente dicho. Todo consiste en hacer de la existencia una obra de creación continua para lograr que la música, la pintura, la danza y la misma muerte adopten las formas exteriores de la sensibilidad que vas vivificando con la pasión de cada hora. Pero no podrá decirse que eres un artista moderno hasta que no descubras que la muerte es bella como un teorema y camina descalza entre barcas varadas por la arena y el agua de una playa lívida, coronada con los signos de Pitágoras, y hagas de esa imagen el sueño de tu vida. Cuando consigas transformar a esa muchacha de ojos verdes en una melodía, en una estrella de álgebra, en un paisaje o en una llama, serás inmortal.

Mercado

Ayer, en el mercado, el frutero, por encima de la parada, hablaba del fin del mundo que se avecina. Preguntó mi opinión en medio de un corro de mujeres cargadas con bolsas de verduras y frutas del tiempo. Le dije que mientras hubiera productos tan maravillosos como los que él exhibía el apocalipsis sería aplazado indefinidamente. Si Sodoma y Gomorra pudieron haber sido salvadas del fuego con la sola presencia de un hombre justo, también ahora un solo melón en su punto justificaba la bondad universal. Me puse a hablar igual que un monje tibetano bajo la luz cenital de la claraboya rodeado de pimientos, lechugas y zanahorias. Había ondulaciones de ciruelas, pirámides de tomates, joyeros con fresas encajadas. El pasillo central del mercado aparecía flanqueado por formaciones de pollos desnudos colgando de garfios junto a fragmentos de carne que alumbraban el espacio con su luz interior. Poseído por la fuerza que el perfume de las salazones da a los profetas, vaticiné que el destino del mundo estaba inscrito en los jeroglíficos que ciertas frutas llevan en la piel. Las catástrofes que se suceden, las desgracias que han de venir tienen una lectura en esa superficie más que en el corazón de los carneros. Antiguamente se interrogaba el futuro en las vísceras de algunos animales. Por mi parte, le rogué al frutero que se bajara uno de los párpados para ver si en su lagrimal se podían leer las estrellas. Así lo hizo y yo no vi nada. En cambio, en el montón de berenjenas moradas había una que era rayada y creí percibir que en sus entrañas traía un mensaje. Pedí al frutero que la partiera con un cuchillo. Cuando la abrió por la mitad apareció en su pulpa blanca una especie de plano grabado con filamentos de oro que a mi juicio indicaba el camino de la dicha suprema. Confirmé oficialmente a todos los presentes que iba a poner esa berenjena al horno y sobre ella derramaría después aceite virgen de oliva. Para mí eso era el fin del mundo, el primer paso hacia la inmortalidad. Sodoma y Gomorra serán salvadas.

En otras berenjenas aparece una carta o naipe marcado.

Las calmas

Durante la luna menguante de enero se produce en el Mediterráneo una bajamar extasiada que hace aflorar los erizos en los fondos de roca cerca de las calas, y la luz inmóvil del mediodía condensa un aroma de algas en el muelle, donde los gatos duermen sobre las redes tendidas. En las terrazas de los bares, bajo los plátanos desnudos, hay gente varada en mangas de camisa que lee en el periódico las noticias del inminente apocalipsis tomando berberechos. Estas mañanas de enero en el Mediterráneo se levantan con una bruma dorada que se va abriendo hasta dejar un sol blanco suspendido en la mente, pero ahora, si cierras los ojos ofreciéndole el rostro después de haberte imbuido de presagios de guerra, el resplandor de los párpados se convierte en un campo de batalla, y dentro del cerebro, a contraluz, vislumbras siluetas de armamentos diseñados como ejemplos de arte conceptual, misiles de un gótico minimalista, bombarderos constructivistas, acorazados cuyos castillos de acero emiten la trama óptica de Vassarely. Antes de que comience el gran cataclismo uno llama al camarero. La mar contiene en este momento una quietud deslumbrada, y desde esta terraza del puerto se oyen lejos las barcas de arrastre que faenan en aguas azules en compañía de los delfines. Son las calmas de enero. Las palmeras están cinceladas contra la perfección del aire, los viejos marineros dormitan en el interior de una pasta solar que calienta las sienes. Nada se mueve. En la terraza del puerto, el camarero trae una bandeja de erizos y éstos dejan en la mesa el perfume reciente de la cala cuando su leve matriz sonrosada todavía late. Pensando en la muerte mientras devoras su carne de mar, la claridad del instante te sella la frente y entonces sientes que la santidad consiste en esta pereza o armonía de los gatos que a los pies comparten tu sueño. Las calmas de enero por la tarde liberan una brisa lívida para dejar la noche muy alta, con estrellas rutilantes, que guían a los bombarderos, pero que a ti te anuncian nuevos erizos mañana.

Lebeche

Llevo el viento del lebeche asociado a la hora de la siesta en el verano. Es un viento del ~~sureste~~ largo y cargado de sal que llega de Libia, pero aquí los pedernales de los cabos de la Nao y de San Antonio hacen de fragua, y al quemarlo lo transforman en rachas furiosas que por la espalda de Denia se vierten en la mar, formando serranas a través de los barrancos. Mientras este viento sopla con fuerza callan las chicharras. Suele entablarse después del mediodía cuando hay anticiclón, y a veces no cesa hasta la madrugada, aunque siempre comienza a fatigarse a la caída de la tarde; entonces sus embestidas se espacian, van perdiendo la rabia, y el concierto termina de pronto, antes de que el sol se haya ido, dejando el aire bruñido para una noche cuya suavidad puede ser extrema en jazmines. A la hora de la siesta, en primavera, durante la canícula bajo el imperio de este viento racheado, suenan como trompas de Wagner las oquedades de las rocas, silban todas las aristas, aúllan las copas de los árboles. También siente uno en el sueño que algo está a punto de quebrársele por dentro. Cada vien-

del sud-oeste; que llegaba a Grecia desde Libia y de allí su nombre.

to trae una enseñanza. De ellos, el hombre ha aprendido la desmesura y el equilibrio, ha heredado las veleidades, ha extraído la música. Las turbulencias del cerebro van emparejadas a la rosa de los vientos, y si éstos bruñen los acantilados hasta templarlos como espadas, del mismo modo están hechos para ir conformando el alma de los mortales. He soñado las brisas más azules en la mar que me llevaban a puertos donde había pequeñas sabidurías en forma de salazón; he sentido la musculatura de los duros gregales que se confundían con la ira de ciertos filósofos o con el látigo de los moralistas; he amado aquel viento garbino que convertía las velas en parte esencial del pensamiento, pero entre todos los vientos, el lebeche que viene de Libia lo llevo atribuido a la penumbra de la casa a la hora de la siesta bajo la canícula. Mientras uno atraviesa el inconsciente, este viento azota por ti a la naturaleza.

Alta mar

Al mediodía en alta mar, el cocinero echó dos dientes de ajo en la caldereta sobre el aceite hirviendo, y este hombre no era ningún dios, pero con el sofrito que estaba preparando a bordo volvió a crear el mundo. Navegábamos en silencio. Mientras las redes de esta barca de pesca trabajaban en el fondo del agua, los marineros en cubierta dormitaban bajo aquella luz de harina que borraba todos los perfiles, incluidos los de la memoria, y yo iba recostado contra la borda entre azules primordiales sin pensar nada. La historia no había existido nunca, y tampoco se veía ningún velero en el horizonte, aunque en ese instante vagamente yo recordaba el relato de un viejo mercader llegado de Fenicia que comerciaba con corales y fábulas, con creencias y perfumes voluptuosos. Él contaba hace mucho tiempo en los malecones del sur las hazañas de ciertos dioses, los crímenes que los hombres cometieron en el pasado. Tal vez en tierra hubo un paraíso, pero en este instante celeste por la banda de estribor llegaba un perfume de calamares que se extasiaba alrededor de la toldilla. Con la cuchara de palo, el cocinero removía la salsa de tomate, y la barca navegaba seguida por una pareja de delfines. Tal vez era cierto que en las costas de la antigüedad muchos héroes se habían degollado para alcanzar la gloria. Entre otras hermosas mercancías, aquel viajero fenicio vendía un pellejo de cabra donde alguien había grabado al fuego algunos sueños. Los salmos de Isaías, la batalla de Salamina, la filosofía aristotélica, el edicto de Constantino, los versos de Petrarca, la doctrina de la predestinación, el discurso del método, la teoría de Adam Smith, el *Manifiesto comunista*. Ahora el cocinero en alta mar añadía una pizca de azafrán al caldo que había formado el rape, un puñado de almejas y algunos peces de roca. En la superficie de la caldereta comenzaron a germinar las primeras burbujas de la creación. Cuando esta materia primigenia acabó de perfumar toda la brisa, el cocinero echó el arroz y en cubierta el mundo tomó la primera forma.

Inmortal (I)

Si quieres ser inmortal, siéntate bajo una parra con los pies a remojo en un lebrillo de agua perfumada, y a través de los párpados entornados, que la luz del mediodía estará quemando, vislumbra o recuerda aquellos días de libertad en el pasado, el amor perdido, las voces felices sonando en la cala donde jugabas. Tú eres la posteridad de ti mismo. Había una casa encalada llena de sombras profundas y sobre ellas fluctuaban los reflejos de la porcelana desde las vitrinas del comedor. A la hora de la siesta en verano crujía una mecedora en la galería. Aquella muchacha que fue tu sueño allí se balanceaba y el salón en penumbra olía dulcemente a melocotón demasiado maduro, pero ese aroma, al evaporarse, diluyó la carne de ella como una música de Mozart en la memoria. Entre los gruesos muros de la casa encalada se guardaba todavía el frío del invierno hasta la mitad del estío, cuando bajo el peso de un sol muy blanco los crótalos y alacranes iban con la boca abierta por los barrancos de alrededor. El violento perfume de lavanda o la sangre de la adelfa eran para ti la libertad, más aun que la imagen de los veleros que se perdían dentro del fulgor de la mar buscando con la proa el propio corazón de los navegantes. A cierta edad uno comienza a sobrevivirse. Si quieres ser inmortal, siéntate en un sillón de mimbre bajo una parra y construye de nuevo esa casa encalada que es la llama donde tus recuerdos se incineran. En su interior hallarás todavía la misma mosca que vibraba en el cristal de la ventana mientras leías a Salgari en la adolescencia, la humedad de aquellos temporales de Cuaresma traídos por un viento morado, las botellas con licor de menta y de café, el retrato ovalado de una difunta bellísima, el sexo palpitando en el granero donde entraban y salían los vencejos, la silueta de aquella muchacha que se balanceaba en la galería, los días de libertad, el amor perdido. Elige de tu pasado un instante feliz, quémalo en tus párpados con la luz del mediodía, y si con ella logras tallarlo como un diamante, entonces serás ya inmortal.

Inmortal (II)

Si dentro de un siglo alguien, por azar, lee este mísero papel, que entonces estará amarillo, deberá saber que fue escrito en Denia, el domingo de Resurrección de 1988, por un pequeño escribano que, sin creer en la inmortalidad, trató de dar testimonio de un placer inmortal que experimentó durante una jornada de primavera. Amaneció un sol tierno en la mosquitera, había pájaros recién perfumados en los naranjos, las palmeras dejaban ver trozos de Mediterráneo, las campanas tocaban a gloria y la línea del malecón se perfilaba en el agua de acero. Al abrir los ojos imaginé en seguida lo hermoso que era no haber muerto todavía, puesto que para conmemorar la resurrección de Dios ese día de abril yo había encargado un arroz al horno a una mujer lozana de la tierra. En ese momento me hallaba en la cama despierto aunque no resucitado aún bajo aquella dulce luz de harina. Bostecé de forma inconmensurable. Me rasqué la espalda mientras la radio enumeraba cadáveres y luego realicé abluciones mirando en dirección a Grecia. De este modo me preparé para ser inmortal por medio de un sabor momentáneo que me esperaba desde el fondo de los tiempos. A esta edad, si uno no es feliz se convierte en un tipo sospechoso, pero sin reparar en la dicha oficial yo sólo trataba de conseguir la eternidad durante un solo día. Me había comprado unas zapatillas blancas, un jersey rojo y un riguroso perfume de varón. Me vestí y en bicicleta fui al puerto, y en el camino recogí los matices del aire que olía a azahar mezclado con distintos fertilizantes, mieles silvestres y dulzuras de basurero. Luego practiqué la navegación sobre un mar rizado. Hacia las dos de la tarde todo estaba a punto para resucitar. Me había preparado espiritualmente durante aquella mañana llena de campanas de gloria. A las dos de la tarde, una mujer lozana de la tierra sacó a la mesa el arroz al horno, y al tomar la primera cucharada supe que algo en mi interior había alcanzado las esferas para siempre. Quiero que dentro de un siglo esto se sepa.

El tacto

Gracias al desarrollo del dedo pulgar, que convirtió la mano en una grapa, cierto mono pudo un día coger un palo y con él comenzó a jugar. Sucedió hace un millón de años. Este juego excitó el cerebro de aquel primate, el cual se hizo en seguida fabricante de armas. La inteligencia le sobrevino mientras tallaba toscamente el hacha de piedra o la consabida quijada de asno, pero este creador no aprendió a acariciar su obra hasta que la palma de su mano, habiendo perdido todo el pelo, no se volvió sonrosada. En la evolución de la especie hay un momento sagrado: aquel en que cierto mono pasó por primera vez con suavidad las yemas de los dedos por una superficie y sintió un placer indecible. A través de la piel esta emoción del tacto incorporó la materia al espíritu y desde entonces el hombre cuando acaricia otro cuerpo lo sueña. Si la acción de la mano engendró el pensamiento, el delicado roce de la piel fue alimentando la sensibilidad del ser humano, de modo que hoy puede uno secarse levemente los labios con una servilleta de lino y transformar este acto en una pro-

Apuntes de los cinco sentidos.

funda lección de filosofía. Hay materias cargadas de sueños: el ámbar, el ébano, las nueces del sándalo, el marfil, cierta carne amorosa, la porcelana fría, la culata de algunos revólveres, la seda que adopta los pliegues del aire o el lino que vistieron los dioses cuando eran jóvenes, cualquier cuchillo que haya matado. Una existencia maravillosa puede transcurrir sin pensar nada, nutriéndose sólo de la energía que despiden ciertos objetos al acariciarlos. Tal vez una vida entera se justifica con este hecho tan simple: deslizar la mano por un jarrón de la dinastía Ming, recorrer sutilmente con la yema del índice el filo de una navaja, dejar que se posen sobre la palma femenina unos testículos de mármol esculpidos por Fidias, el cuero perfumado de algún libro, la caoba del salpicadero de un Rolls-Royce, un hacha de sílex en forma de corazón, los paños de todas las ceremonias, los ídolos. Cuando acaricias esos objetos los sueñas y a la vez dentro del placer que produce su tacto por él eres creado.

El olfato

En este valle los romanos levantaron un altar a Diana junto al bosquecillo de manzanos cuyo aroma en otoño sustituía al incienso, y al final de un barranco lleno de alacranes y hierbas de anís hay una cala muy azul que guarda los gritos de tu niñez. Desde allí se divisa no muy lejos el castillo dormido, algunas espadañas de la pequeña ciudad deshabitada. Bajo el humo dorado pasaba el rebaño de cabras dejando un rastro de hedor bravío entre las flores silvestres que habían brotado de una tumba sobre la cual un día libraste una batalla de amor. Hace mucho tiempo que el mundo ha terminado. Ya nadie existe aquí. En la pequeña ciudad del litoral quedan las ruinas de un templo, de varios palacios, del prostíbulo legal, de un teatro, de la biblioteca municipal, de algunas tahonas, y cada uno de estos recintos derruidos conserva el perfume que fue tu alma. Después de tantos siglos de silencio dondequiera que estés, muerto o resucitado, tú no eres sino el conjunto de aromas que aspiraste mientras vivías. Huelen todavía a paja quemada las tardes de verano. El aire húmedo que precede a las tormentas, la esencia de tierra mojada cuando el aguacero ha pasado, el vapor de mucosa materna que despiden las algas podridas en aquella cala azul, el tufo cabrío del ganado contra el espliego, el incienso de los manzanos junto al altar de Diana, permanecen aún en este valle esperando que vuelvas. También en la ciudad vacía están en pie como firmes sillares los aromas que sustentaron tu vida. Los lápices Alpino, cuya fragancia va unida al sabor del chicle de fresa, aún fermentan el aire estancado del aula de primaria. El moho de la capilla penetrado por los cirios, la fetidez del urinario que inunda la sala de billares, el alcanfor en los armarios cerrados, el desodorante de los cines, la miel que derraman las librerías de viejo, todos esos perfumes que fuiste forman parte de tu propia resurrección. Sobre aquella tumba cubierta de flores silvestres, tu carne volverá a brotar cuando el viento te traiga otra vez a este valle junto al altar de Diana.

El oído

Nadie puede pensar de un modo abstracto sin imaginar las palabras; nadie puede imaginar las palabras sin que éstas resuenen en el interior del cerebro. Así funciona el pensamiento, como una música hermética cuya clave a muchos les está vedada. La prosa antes fue verso; el verso antes fue canto; el canto antes fue grito. El grito partió de aquel gruñido o espasmo de la garganta mediante el cual cierta estirpe de simios trataba de imitar los sonidos que la naturaleza producía: el gorgoteo del agua, el chasquido de los cuerpos, el fragor de las fieras. Cada uno de aquellos gruñidos ahora se ha transformado en una palabra dulce o profunda, de igual forma que alguno de los salvajes mordiscos del primer hombre ha terminado siendo un beso. Con el tiempo la voz humana ha tomado infinitos matices y éstos se han adaptado a todas las variaciones posibles de los sueños, de las imágenes. Nadie puede pensar sin imaginar que piensa. Nadie puede imaginar el pensamiento sin que los arquetipos suenen en el pentagrama del cerebro. Tener oído significa captar todavía en la profundidad de cada palabra lo que hay en ella de ritmo, de verso, de canto, de grito, de gruñido, de silencio. Este silencio insondable que precede al primer sonido de la naturaleza también se halla incluido en la estructura del verbo. Las cosas sólo existen cuando poseen un nombre y este nombre es inseparable de aquella voz que lo pronunció por primera vez hace un millón de años. Su eco aún perdura hoy en las páginas de un libro, en el combate del viento, en el interior del raciocinio. Todo es música: los ladridos del perro y la propia novena sinfonía de Beethoven, el estruendo de los papagayos y el rumor de las confidencias. El oído es el primer órgano que el feto desarrolla. Por otra parte, al hombre las orejas le crecen hasta el día antes de la muerte y el oído es también el último sentido que se pierde. De todas las melodías que existen en el universo prefiero la del pensamiento, música que unas veces es hermética y otras revelada sonando dentro del cerebro. Como la lógica.

El gusto

En el último instante un cordero enredado en una zarza sustituyó a Isaac cuando éste iba a ser sacrificado por Abraham en la cima del monte Moria. Jehová mandó detener el cuchillo en el momento álgido. Como al resto de los dioses, a Jehová también le gustaba la carne humana y hasta entonces había exigido una ración cada día, pero lentamente su paladar se fue acomodando a los nuevos tiempos, a los nuevos sabores. Con el gesto de aquel ángel que paró el cuchillo de Abraham sobre el cuello de su hijo, un ciclo de gastronomía quedó clausurado y otro se abrió. El primer cordero fue asado a la brasa con leña de encina en el monte Moria, y al comprobar que era muy sabroso Jehová quiso seguir experimentando esa nueva cocina con guisos y holocaustos de otros animales que tuvieran la uña hendida en dos partes. Se levantaron grandes mataderos en los atrios y por ellos transcurrían los novillos, los ciervos y los unicornios antes de caer envueltos en sangre. Todo habría sido distinto en este mundo si a los dioses les hubiera gustado sólo la hierba. Ellos han transmitido a los hombres su ferocidad de carnívoros y ésta aún nos anida en las papilas del gusto bajo nuestra lengua roja. No obstante, el ser humano está dotado de siete metros de intestinos, igual que las cabras, y esto le capacita para convertirse el día de mañana en un magnífico rumiante. Cada uno de los alimentos tiene un camino. El de la hierba conduce a la paz y a la belleza, puesto que rumiar es soñar. Cuando se inicie otra era tal vez los dioses serán ya vegetarianos y los hombres imitarán su ejemplo para viajar muy lejos masticando las verduras del huerto de Caín, que se negó a sacrificar animales. Queda mucho trayecto todavía. Bajo el cielo pálido de esta Pascua, con la nieve sonrosada a lo lejos en el monte Moria, infinitos corderos han sido despedazados por fauces divinas y humanas llenas de crueldad. Queda mucho trayecto, pero llegará el día en que la saliva del hombre se volverá verde y su lengua será violeta y algo en sus entrañas recordará al más bello de los paisajes.

La vista

Ya que no puedes cambiar el mundo, levanta al menos en tu interior un puente para contemplar desde allí el panorama: verás un vertedero general y sobre él tal vez brillará el cielo de Pitágoras lleno de álgebra, lleno de música. La moral ha muerto y los viejos valores también se han perdido, pero todas las candilejas arden a las siete de la tarde. El mundo ha tomado el último sentido en forma de espectáculo. No juzgues a nadie. Consuélate sólo mirando. Desde tu puente interior verás a Buda sentado a la sombra de una higuera, a Pericles erigido en el podio del Pnix, a un judío desconocido que acaban de crucificar. Luego descubrirás en el horizonte el resplandor de todas las hogueras que la historia ha generado: está ardiendo la Biblioteca de Alejandría, el templo de Artemisa en Éfeso, la carne de todos los héroes, la gran calabaza de Hiroshima. Bajo tus ojos pasan ahora las hordas de Atila liberando nubes de polvo y las poleas elevan los sillares de la inminente catedral de Colonia hasta encajarlos en la tensión del arco; Solimán despliega el campamento con verdes banderolas al pie de las murallas de Constantinopla mientras en los monasterios de Cluny unos monjes minian las letras capitulares de los códices. Mucho antes de que lleguen unos profetas y otros piratas podrás avistar desde el puente cualquier tierra prometida, isla del tesoro o ciudad sin ley donde hay arcas de la Alianza llenas de dólares, revólveres y esmeraldas. También divisarás la miseria que humea dentro de los bellísimos paisajes. En los valles de extremada dulzura se han celebrado siempre las batallas más cruentas, y después de tantos siglos en esos lugares, los cuerpos de los héroes aún producen fuegos fatuos. No esperes nada. El mundo sólo tiene sentido como espectáculo. Reserva tus lágrimas para el mármol de Fidias, para algunos versos de Dante, para los leprosos de Benarés, para los hornos crematorios que funcionan todavía bajo el cielo estrellado de Pitágoras. Puedes cambiar el mundo si lo contemplas con una mirada de emoción o de piedad.

Sustancia

El Dios verdadero habita todavía en el interior de aquel potaje que hacía tu madre cuando eras niño. Su sabor te perseguirá toda la vida dondequiera que estés, y con el tiempo llegarás a confundirlo con la salvación de tu alma. Dentro de aquel caldo también hervían las primeras caricias que recibiste, las luces de un paisaje que te cegaron, los sonidos que la memoria ha amasado luego en forma de música. Mientras el puchero humeaba en la cocina, el confesor te imprimía el sentido de la culpa en la nuca. Sonaban por la radio aquellas canciones que no has olvidado, te sentías libre cazando libélulas en la acequia, de noche oías el silbido del tren y siempre estabas cobijado. Dios consistía tal vez en una pizca de azafrán, era aquella verdura fresca o se revelaba a través de otros ingredientes, pero el misterio del caldo lo descifraba el amor. Ese guiso que selló como un sacramento el paladar para siempre en los días de la infancia y su perfume te atravesó la adolescencia, se unió al vapor de todos los deseos de la pubertad y después desapareció en la juventud al abandonar la casa. Dios es un condimento, y eso lo saben muy bien los emigrantes. Cuando se vive muchos años fuera de la tierra, uno pierde el idioma, olvida a los amigos, adopta nuevas costumbres, pero nunca abandona las especias que sazonaron los alimentos de su niñez, ya que el Dios verdadero cabalga sobre la pimienta, el estragón o el comino. No digas que has perdido la fe mientras no te haya dejado el sentido del gusto. Dios puede volver a visitarte en cualquier momento de tu vida por medio de un sabor a guindilla o merced a una sopa de ajo. Cuando seas mayor, un día en que estés desprevenido, después de tanto tiempo, tomarás un potaje y por un instante todo volverá a comenzar. A la primera cucharada verás entrar al Dios de la niñez por la puerta del jardín, el fondo de tu memoria se iluminará con la sonrisa de tu madre, el sentido de la culpa volverá a cubrir tu cerviz con tallos de espinacas y te sentirás cobijado. Otra cucharada, y tu alma ya estará salvada.

Destrucción

Una mañana te levantas de la cama, oyes las sirenas desde el cuarto de baño y concibes que ha llegado el momento: la ciudad está ardiendo por los cuatro costados, una legión de mendigos rebelados asalta los comercios, los obreros forman barricadas frente a los bancos, algunas fachadas oficiales se derrumban a causa de la dinamita y bajo los escombros que amasan a ricos y pobres se oyen a la vez gritos de venganza y auxilio. Mientras te afeitas acariciándote la yugular con una cuchilla perfumada piensas que era lógico que este desastre sucediera un día. Había en el aire demasiada angustia acumulada. Y el estallido irracional se había producido por fin de una forma sarcástica. Pero con el filo de la navaja terminas de pulir tu quijada y al salir a la calle descubres que la vida es totalmente hermosa. Nada grave ha sucedido esa jornada todavía. La primavera está a punto de brotar, los pájaros cantan, las muchachas son hermosas, los obreros acuden al trabajo pisando el rocío, la Bolsa ha subido de nuevo, los tenderos tararean fandanguillos ante un kilo de judías y en el Par-

Funcionan en la radio los ventiladores de basura.

lamento los políticos hablan acerca del estado de la nación. ¿Qué clase de milagro ha detenido el fuego? La ciudad sigue en pie bajo un sol radiante y los criados aún obedecen, las madres ibéricas fríen sardinas e invocan a Dios por el patio de luces, los guerreros del amor mueren de peste genital y en cambio tú estás vivo, el tedio de los jóvenes produce estampidas de búfalo, el rencor de los primeros hambrientos comienza a solidificarse en la atmósfera y, no obstante, la gente ríe, sueña, se acaricia, come gambas y usa corbatas de seda. Todo puede suceder. Si te dicen que mañana tu mundo va a desmoronarse, te lo crees. Si alguien te promete que una libélula sobrevolará tu corazón, lo aceptas. Esa mezcla de terror y alegría de vivir que te habita, la sensación de encontrarse al borde del caos y la esperanza de que alguien detendrá el fuego en el último instante: en eso consiste el estado de la nación, que en el fondo no es sino el estado de ti mismo. El amor y la destrucción.

Retorno

Cuando los progresistas ahora tan escarnecidos vuelvan dentro de una década a ser guapos y los rojos que hoy están en el pudridero recuperen la estética, los grandes comercios pondrán de moda otra vez sus bufandas y las ideas revolucionarias; en todos los escaparates renacerá la mitología de la pana, junto a unas fotografías amarillas con imágenes de mítines de obreros con camisa a cuadros. La ira negra sobre las paredes de cal devolverá la memoria a los viejos. Están jugando todavía en las guarderías los niños que mañana presumirán de ser rojos hasta matarse por firmar manifiestos contra la explotación, y entonces será también maravilloso fornicar pensando en la huelga de los ferroviarios. Mientras tanto, permanece la ola de derechas con el pelo pegado, aunque algo comienza ya a oler a rancio por el lado de los pijos. ¿Existe un diseño más pasado que ese tipo con pantalón vaquero, zapatos de tafilete y camisa de seda con chaqueta de cachemir? ¿Hay un ser más agónico que ese joven encorbatado hablando por teléfono desde un BMW? Llega ahora el pop socialista. Los emblemas de la revolución soviética se han convertido en materia de decoración: estatuas de Lenin adquiridas en las subastas de Sotheby's van a adornar los salones más finos de Nueva York, como en los años sesenta los progresistas utilizaban sagrarios comprados en el anticuario para guardar el whisky. Los pintores están incorporando a sus cuadros los harapos de banderas rojas, muchas hoces y martillos, estrellas y carnés del partido para hacer con todo un *collage*, y eso será objeto de coleccionismo, especulación y trabajos de arte, pero dentro de una década, cuando se cree de nuevo el campo magnético propicio, volverán las ideas de lucha obrera y compromiso intelectual a calentar el corazón de los más modernos, y en seguida detrás vendrán los imitadores llevando una pancarta de los metalúrgicos con el puño cerrado. Los rojos un día serán tan guapos, inteligentes y altos como antes. Lo puede usted jurar.

Ya no estoy tan seguro de que un día vuelvan. Detrás han dejado tierra quemada.

Pétalo

Cuando estos tiempos que vivimos se transformen dentro de un siglo en una página amarilla de la historia, toda ella se cubrirá con un acontecimiento decisivo que no se ha producido aún. El político más satánico no lograría urdirlo, el profeta más lírico sería incapaz de presagiarlo, puesto que la heroína destinada a hacernos inmortales tardará muchos años en nacer. Ésta es una época menor en la que cualquiera puede saltar por los aires mientras toma un helado en una terraza. Los fabricantes de candados imparten lecciones magistrales en la universidad; al pie de cada obra de arte hay un mono con revólver; los guardajurados cachean a los fiscales en la puerta de los juzgados; Dios de noche no sale de casa; Dios en las alturas también se pone vídeos para pasar la eternidad. Ignoro qué hecho primordial definirá este tiempo cuando el futuro lo convierta en una sola página de la historia. Ya no hay cámaras de gas, la bomba atómica no cae y el agujero negro del universo tampoco acaba de mostrar sus intenciones. He aquí un diseño de modernidad: ahora nada existe si no puede ser filmado; los asesinos son más bellos cada día; ningún horizonte traspasa la valla publicitaria y en todos los banquetes el joven más moderno es ese que se halla en estado residual levantando la copa con una mano extremadamente pálida. La peste genital que amenaza con exterminar a la humanidad aún no ha engendrado a su gran poeta o bailarín. Nuestra cultura se alimenta de aniversarios. Cuando este tiempo se transforme en la página amarilla de un libro, en ella no habrá nombres de escritores, científicos, políticos o artistas. Sólo los cerrajeros habrán logrado salvar su perfil. Algunos historiadores benévolos dirán que nosotros amamos la libertad. Otros dejarán constancia de nuestro afán de dinero, pero tal vez dentro de un siglo se producirá un hecho trascendental: una muchacha abrirá la historia por la página de nuestra generación y junto a ella guardará un pétalo de rosa y éste perfumará nuestra memoria como un homenaje a nuestra desesperación.

El viaje

El tren partió de la estación central a primera hora de la mañana, cuando aún no se había levantado la niebla, y durante un tiempo discurrió entre sombras de enormes depósitos de acero, paredones de fábricas y vertederos industriales. Yo iba leyendo el periódico. Pronto aparecieron por la ventanilla pequeños sembrados, pardas de madera podrida que cerraban jardincillos traseros donde había latas con flores en los invernaderos. Al salir a campo abierto, la niebla se disipó, y entonces sobrevino el erial. A través de un desierto que yo no conocía, el tren avanzaba silbando. Por este lado del convoy pasaban yesares, barrancos, colinas fulminadas, y a lo lejos el horizonte lo formaban unos montes corroídos que tampoco había visto nunca. No le di importancia, puesto que yo había emprendido el viaje huyendo de mí mismo hacia un lugar ignorado. Pero al dejar el periódico miré distraídamente la ventanilla de la otra parte del vagón y quedé muy sorprendido. Por aquel cristal el paisaje corría en sentido contrario, debido a que el tren por ese lado estaba retrocediendo a la misma velocidad endiablada. No sólo se trataba de eso. Además, el paisaje verde que yo veía por la ventanilla opuesta me era sumamente familiar. Lo había vivido en los años que ya se fueron y estaba poblado de almendros; había viñas de moscatel con líneas de cipreses, y los limoneros dormían. También por ese cristal acababa de pasar la ciudad de provincias donde un día fui joven, luego adolescente y al final me hice un niño que jugaba con el triciclo en el parterre. No obstante, por la ventanilla de acá seguía avanzando el yermo calcinado compuesto de trochas ofuscadas. Así sucedería siempre en aquel largo viaje. Pero en mitad de la noche hubo un momento en que el tren, chirriando los hierros, paró de modo definitivo entre dos andenes. Uno tenía un nombre desconocido. Se hallaba en medio del desierto y allí había un extraño carruaje ~~negro~~ esperándome. El otro andén era el lugar de mi infancia. Desde allí se oía el mar y en la oscuridad brillaban las palmeras.

ÚLTIMOS TÍTULOS PUBLICADOS

AMOR AMÉRICA
Maruja Torres

¡QUÉ ESTAFA!
Eduardo Haro Tecglen